OpenCV 프로그래밍

OpenCV 프로그래밍

컴퓨터 비전 애플리케이션 구축을 위한

오스카 데니즈 수아레즈 외 지음 | 이문호 옮김

지은이 소개

오스카 데니즈 수아레즈 Oscar Deniz Suarez

저널과 학회에 50개 이상의 인용된 논문을 낸 저자다. 주요 관심 연구 분야는 컴퓨터 비전과 패턴 인식이다. AERFAI가 주최한 컴퓨터 비전과 패턴 인식 분야의 최고 PhD 연구 대회에서 준우승 격인 러너업 어워드를 수상했고, 이노센티브InnoCentive 사에서 주관하는 이미지 파일과 재포맷화 소프트웨어 챌린지 Image File and Reformatting Software challenge에서 상을 받았다. 2009년 코르 바야엔 어워드Cor Baayen awards의 전국 결선에도 진출했다. 그의 결과물은 Existor, GLIF, TapMedia, E-Twenty 같은 최첨단 회사에서 활용되고 있으며, OpenCV에도 추가됐다. 현재 카스티야 라 만차Castilla-La Mancha 대학교의 부교수로 근무하며, 비지랩스Visilabs에 협력한다. IEEE의 수석 회원이며 AAAI, SIANI, CEA-IFAC, AEPIA, AERFAI-IAPR과 컴퓨터 비전 재단 소속이다. PLOS ONE 저널의 학술 편집자로도 일한다. 미국의 카네기멜론 대학교, 펜실베이니아 대학교, 영국 런던의 임페리얼 칼리지, 아일랜드의 레시카 바이오시스템즈의 방문 연구원이었다. 모바일 디바이스용 OpenCV 프로그래밍에 관한 책을 공저했다.

마 델 밀라그로 페르난데즈 카로블즈Mª del Milagro Fernández Carrobles

2010년과 2011년에 각각 카스티야 라 만차 대학교에서 컴퓨터과학 학사 학위와 물리수학 석사 학위를 받았다. 현재 박사 과정에 있으며, 비지랩스에 근무한다. 영상처리와 인공지능이 주 관심 분야이며, 특히 의료 영상에 관심이 많다.

부모님의 사랑과 지원에 감사합니다. 그 분들 없이는 결코 이 자리에 내가 없었을 것입니다. 또한 조르즈의 끝없는 인내에 감사 드립니다.

노엘리아 발레즈 에나노 Noelia Vállez Enano

10대 때에 별다르게 한 일은 없지만 어린 시절부터 컴퓨터를 좋아했다. 2009년에 카스티야 라 만차 대학교에서 컴퓨터과학 공부를 마쳤다. 유방촬영술 CAD 시스템과 전자 건강 기록에 관한 프로젝트를 통해 비지랩스 그룹에서 근무를 시작했다. 그 후 물리수학 분야에서 석사 학위를 받고, 박사 과정에도 등록했다. 영상처리와 패턴 인식 방법을 함께 연구하고 있으며, 인공지능의 다양한 분야에 관해 가르치고 일하길 좋아한다.

지난 몇 년 동안, 특히 2,200㎞나 멀리 떨어진 이 곳에서 내가 이 책을 쓸 수 있도록 모든 지원을 해준 조세와 가족에게 감사합니다.

글로리아 부에노 가르시아 Gloria Bueno García

영국의 코번트리 대학교에서 머신 비전 박사 학위를 받았다. 프랑스의 CNRS UMR 7005 연구소, 프랑스 스트라스부르의 루이 파스퇴르Louis Pasteur 대학교, 영국의 길버트 길케스 앤 고든 테크놀로지Gilbert Gilkes and Gordon Technology, 스페인의 CEIT 산 세바스티안San Sebastian 같은 여러 연구센터에서 책임 연구원으로 근무한 경험이 있다. 2건의 특허를 보유하고 있고 등록된 소프트웨어를 개발하기도 했으며, 100개 이상의 인용된 논문을 낸 저자이기도 하다. 관심 분야는 2D/3D 입체multimodality 영상처리와 인공지능이다. 카스티야 라 만차 대학교의 비지랩스 연구 그룹을 이끌며, 모바일 디바이스용 OpenCV 프로그래밍에 관한 책을 공저했다.

이스마엘 세라노 그라시아 Ismael Serrano Gracia

카스티야 라 만차 대학교에서 컴퓨터과학 학사 학위를 받았다. 인간 검출에 관한 최종 학위 프로젝트에서 최고 점수를 기록했다. 이 애플리케이션은 OpenCV 라이브러리를 이용한 깊이 카메라를 사용한다. 현재 동 대학교에서 박사 과정을 밟고 있으며, 비지랩스 그룹에서 연구 조교로, 그리고 그 밖의 컴퓨터 비전 주제에 관한 개발자로도 일한다.

훌리오 알베르토 파톤 인세르티스 Julio Alberto Patón Incertis

카스티야 라 만차 대학교를 졸업했다. 컴퓨터과학 석사 학위 프로젝트 일환으로 컴퓨터 비전 애플리케이션 개발을 시작했다. 모바일 디바이스, 특히 안드로이드에 가장 관심이 많다. 텍스트를 찾아 추적한 후 인식하는 능력을 갖춘 시각 장애인용 플랫폼을 위한 모바일 애플리케이션을 만들었다. 이 애플리케이션은 이후 특허 출원 중인 실내 측위 시스템의 일부로 사용됐다. 예전부터 OpenCV는 그가 수행하는 모든 프로젝트의 필수 요소다.

내가 대학교에서 학위를 받기까지 뒷바라지해주신 부모님에게 고맙습니다. 또한 컴퓨터 비전 애플리케이션 개발을 시작할 기회를 제공해주신 비지랩스 연구 그룹에 감사 드립니다.

헤수스 살리도 테르세로 Jesus Salido Tercero

스페인의 마드리드 종합기술대학교에서 전기공학을 전공하고 박사 학위(1996년)를 받았다. 로봇 연구소(미국의 피츠버그에 있는 카네기멜론 대학교)에서 방문 연구원으로 협업 멀티로봇 시스템을 연구하며 2년(1997/1998년)을 보냈다. 스페인의 카스티야 라 만차 대학교에 돌아온 후부터는 로봇과 산업 정보에 관해 강의하거나 비전과 지능형 시스템에 대해 연구하는 데 주력하고 있다. 지난 3년간 모바일 디바이스용 비전 애플리케이션 개발에 노력해왔다. 모바일 디바이스용 OpenCV 프로그래밍에 관한 책을 공저했다.

나의 소중한 보석, 도리타, 후안 파블로, 야보코에게

기술 감수자 소개

나쉬루딘 아민 Nashruddin Amin

2008년부터 OpenCV를 이용한 프로그래밍을 해오고 있다. 컴퓨터 비전 주제를 배우고 연구 목적으로 OpenCV 프로그래밍을 즐긴다. OpenCV를 이용한 경험을 공유하는 블로그(http://opencv-code.com)를 운영하고 있다.

엠마뉴엘 디안젤로 Emmanuel d'Angelo

취미를 직업으로 삼은 영상처리 애호가다. 실시간 영상 안정화부터 대용량 영상 데이터베이스 분석까지 다양한 프로젝트의 기술 컨설턴트로 근무했으며, 현재 저전력 소비 디바이스용 디지털 신호 처리 애플리케이션 개발을 이끌고 있다. 그의 블로그(http://www.computersdontsee.net/)에서 연구 분야에 관한 통찰력을 살펴보고, 영상처리에 관련된 정보도 찾을 수 있다.

스위스 취리히 연방 공과대학(ETH)에서 박사 학위를 받았고, 프랑스의 툴루즈에 있는 ISAE에서 원격 탐사 석사 학위를 받았다.

카란 케다르 발카르 Karan Kedar Balkar

지난 4년간 안드로이드 애플리케이션 프리랜서 개발자로 일했다. 뭄바이에서 태어나 자랐으며, 컴퓨터공학 학사 학위를 받았다. 인기 있는 기술과 프레임워크를 다루는 개인 블로그(http://karanbalkar.com/)에 50개 이상의 프로그래밍 가이드를 작성했다.

현재 소프트웨어 엔지니어로 근무하고 있으며 자바, 오라클, 닷넷을 포함한 여러 기술에 대해 교육을 받았다. 기술에 관한 열정 못지않게 시를 쓰고 색다른 곳에 여행 가길 좋아한다. 음악 감상과 기타 연주를 즐긴다.

먼저 변함없는 지지와 격려를 보내주신 부모님께 감사합니다. 또한 항상 내게 영감을 주는 친구 스리바스탄, 아이어, 아짓 필라이, 프라산스 니라칸단에게 고맙다는 말을 전하고 싶습니다.

마지막으로, 감수 과정에 참여할 기회를 주신 팩트 출판사에도 깊은 고마움을 전합니다.

아르투로 데 라 에스칼레라 Arturo de la Escalera

1998년 스페인의 마드리드 공과대학교 자동화 전자공학과를 졸업했고, 동 대학교에서 1995년에 로봇 박사 학위를 받았다. 1993년 마드리드 카를로스 3세 대학교의 시스템공학 자동화 공학부에 합류했으며, 1997년에 부교수로 승진했다.

현재 연구 관심 분야는 고급 로봇과 지능형 교통 시스템 등이며, 환경 인지와 실시간 패턴 인식을 위한 비전 센서 시스템과 영상 데이터 처리 방법에 주력하고 있다. 저널에서는 30개 이상의 논문에, 국제학술대회에서는 70개 이상의 논문에 공동 저자로 참여했다.

2005년 이후에 UC3M(www.uc3m.es/islab)의 지능형 시스템 연구소장을 지냈다. 고급 로봇 시스템의 국제 저널(주제: 로봇센서), 정보통신 기술의 국제 저널, 대중교통 저널, 사이언티픽 월드 저널(주제: 컴퓨터과학)의 편집위원회 회원이다.

옮긴이 소개

이문호(munolove@nate.com)

관심 분야는 정보검색이며, 매일 4시간 이상 출퇴근하면서 다방면의 원서를 읽는 쏠쏠한 즐거움에 빠져 사는 아날로그 세대다. 현재 문헌정보학 박사 과정에 있으며, 온톨로지 플랫폼 관련 솔루션 개발에 전념하고 있다. 오픈소스 자바 검색 엔진인 루씬Lucene에 관한 첫 국내서인 『루씬 인 액션』(에이콘출판, 2005)을 공역했다. 오픈소스 영상처리 라이브러리를 다룬 책을 오픈소스 라이브러리 실무 시리즈로 펴낸 저자로도 잘 알려져 있다. 『MATLAB을 활용한 실용 디지털 영상처리』(홍릉과학출판사, 2005), 『오픈소스 OpenCV를 이용한 컴퓨터 비전 실무 프로그래밍』(홍릉과학출판사, 2007) 등 7권의 책을 저술했으며, 『OpenCV 2를 활용한 컴퓨터 비전 프로그래밍』(에이콘출판, 2012), 『EmguCV와 테서렉트 OCR로 하는 컴퓨터 비전 프로그래밍』(에이콘출판, 2014), 『matplotlib을 이용한 데이터 시각화 프로그래밍』(에이콘출판, 2015)을 번역했다.

옮긴이의 말

제가 MFC 기반의 OpenCV를 다룬 책을 처음 출간한 2007년만 해도 OpenCV가 이토록 오랫동안 사용될 것이라고는 상상하지 못했습니다. 그 후부터 짧지도 길지도 않은 시간 속에 OpenCV가 학계와 산업계에서 가장 널리 사용되는 컴퓨터 비전 라이브러리로 거듭 진화했고, 이에 맞춰 국내외에서 수십 권 이상의 관련 서적이 출간됐습니다. 모든 OpenCV 책을 다 보지는 못했지만, 저자의 집필 방식에 따라 이론을 기반으로 함수를 설명하는 형태와 프로젝트를 중심으로 함수 사용법을 습득 혹은 병행하는 방법을 설명하는 형태로 크게 나눌 수 있습니다. OpenCV가 제공하는 기능이 매우 방대해 책에 전부 담아낼 수 없고, 독자마다 원하는 내용이 다르기 때문입니다. 비록 첫술에 배부를 수 없겠지만, 학습 시간을 최대한 줄이면서 빠르게 이해하되 프로젝트에 바로 활용 가능한 지름길을 제공하는 책이 있으면 얼마나 좋을까요? 컴퓨터 비전이나 영상처리에 대한 기본 지식이 어느 정도 필요하겠지만, 어찌 보면 이것은 저자와 독자 모두의 바람일 수 있습니다.

스페인에 있는 카스티야 라 만차 대학교 비지랩스 연구실의 오스카 데니즈 수아레즈 교수와 연구원 여섯 분이 이런 현실을 고려해, OpenCV와 관련된 프로젝트 수행 경험을 살려 최신 OpenCV 버전을 중심으로 다루되 실무 접근 방식으로 명쾌하게 풀어나간 책을 출간했습니다. 그 책이 바로 아마존에서 좋은 평가와 더불어 찬사까지 이끌어낸 이 책『OpenCV 프로그래밍』입니다.

이 책은 영상처리와 컴퓨터 비전에 필요한 OpenCV의 핵심 함수를 중심으로 영상과 비디오 처리부터 시작해 사용자 인터페이스 생성, 영상처리 기본 지식을 설명하고, 더 나아가 영상 분할, 2D 특징 추출, 학습과 객체 검출, 모션 추적, 기계학습, GPU 기반 가속까지 예제를 중심으로 점진적으로 다루며, 필요에 따라 찾아볼 수 있는 참고서로도 활용할 수 있습니다. 어디까지나 이 책은 특성상 OpenCV를 좀 더 깊게 이해하고 잘 활용하기 위한 방법을 주로 다루므로, 영상처리와 컴퓨터 비전 관련 이론에 대해서는 자세히 언급하지 않음을 감안하길 바랍니다. 참고로 이 책은 OpenCV 2.4.x 버전 중심이지만 로버트 라가니에 교수의『OpenCV 2를 활용한 컴퓨터 비전 프로그래밍』의 개정판 원서에서 다루지 않은 OpenCV 3.0의 곧 공개될 특징 추출 알고리즘 등의 내용도 설명하고 있으므로, 현재로서 이 책은 최신 OpenCV의 흐름을 잘 반영하고 있다고 생각합니다.

이 책을 번역할 기회를 주신 권성준 사장님과 김희정 부사장님, 이 책을 출간할 수 있게 여러모로 챙겨주신 담당 편집자 전진태님, 그 외 모든 에이콘출판사 관계자 여러분에게 감사의 말씀을 드립니다.

이문호

목차

들어가며

OpenCV는 분명히 가장 널리 사용되는 컴퓨터 비전 라이브러리이며, 학계와 산업 분야에서 광범위하게 쓰이는 수백 가지 영상처리와 비전 함수를 포함한다. 카메라가 저렴해지고 영상 기능이 수요에 맞춰 증가함에 따라, OpenCV를 활용한 애플리케이션의 범위가 상당히 늘어나고 있으며 특히 모바일 플랫폼의 경우 더욱 그렇다.

컴퓨터 비전 라이브러리인 OpenCV는 다음과 같이 두 가지 큰 장점을 제공한다.

- 오픈소스이며, 모든 사람이 학계 수준이나 실생활 프로젝트 중에 무료로 사용할 수 있다.
- 가장 풍부하면서도 최신인 컴퓨터 비전 함수의 모음이 담겨 있다.

OpenCV는 컴퓨터 비전, 영상처리와 비디오 처리, 기계 학습의 최첨단 연구를 제공한다.

OpenCV에 관해 처음 출간된 책에서는 대략적인 이론적 접근 방식을 제공했으며, 기본 컴퓨터 비전 기술을 설명했다. 이후에 출간된 OpenCV 책들에서는 정반대인 접근 방식을 채택해 페이지별로 따라 하기가 어려운, 규모가 큰 예제(거의 완선한 애플리케이션)를 가지고 실명을 풀어냈다. 큰 예세는 따라 하기가 어려우며 독자가 프로젝트에 쉽게 재사용할 수도 없다. 여러 페이지에 걸쳐 설명되는 예제는 책의 형태에 그다지 적합하지 않다. 예제는 이해하기 쉬워야 하고, 독자가 프로젝트를 수행할 때 예제를 돌려보는 데 필요한 시간을 줄일 수 있도록 빌딩 블록을 사용할 수 있어야 한다. 결과적으로 이 책은 많은 함수를 더 짧게 설명하는 데 목표를 두면서도 따라 하기 쉬운 예제를 통해 실용적인 접근 방식을 취했다. 이 책에 나오는, OpenCV를 다룬 경험을 녹여낸 예제들은 가장 가치 있는 내용이라 자부한다.

이 책에서 다루는 내용

1장 '**시작하기**'는 기본 설치 단계를 다루고, OpenCV API의 필수 개념을 소개한다. 영상과 비디오를 읽고 쓰기 위한 첫 예제와 더불어 카메라로부터 비디오를 캡처하는 예제도 제공한다.

2장 '**그래픽 사용자 인터페이스**'에서는 OpenCV 기반 애플리케이션을 위한 사용자 인터페이스 능력을 다룬다.

3장 '**영상처리**'는 OpenCV에서 활용할 수 있는 매우 유용한 영상처리 기술을 다룬다.

4장 '**영상 분할**'은 OpenCV에서 고려해야 할 분할의 모든 중요한 문제를 다룬다.

5장 '**2D 특징**'에서는 영상으로부터 특징점keypoint과 기술자descriptor를 추출하기 위해 사용할 수 있는 함수를 다룬다.

6장 '**객체 검출**'은 컴퓨터 비전의 중심 문제인 객체 검출을 기술한다. 이 장에서는 객체 검출에 활용할 수 있는 기능을 설명한다.

7장 '**모션**'은 단일 정지 영상 이상의 내용을 고려한다. 이 장은 OpenCV에서의 모션과 추적을 다룬다.

8장 '**고급 주제**'는 기계 학습과 GPU 기반 가속 같은 몇몇 고급 주제에 중점을 둔다.

이 책에서 필요한 준비물

이 책의 접근 방식은 컴퓨터 비전(혹은 다른 곳에서 이 분야를 배울 수 있는)에 이미 지식이 있고 애플리케이션 개발을 빠르게 시작하려는 독자에게 특히 안성맞춤이다. 각 장은 여러 가지 비전 시스템에서 가장 중요한 단계에 대해 활용할 수 있는 핵심 함수의 예제를 제공한다. 그런 이유로 이 책은 누구나 그 위에 추가 기능을 개발할 수 있도록, 가급적 바로 실행해볼 수 있는 예제를 독자에게 제공하는 데 중점을 둔다.

이 책을 활용하기 위해서는 공개 소프트웨어만 필요하다. 무료로 사용 가능한 Qt IDE로 모든 예제를 개발했고 테스트했다. 8장 '고급 주제'의 GPU 가속 예제에서는 무료로 쓸 수 있는 CUDA 툴킷이 필요하다.

이 책의 대상 독자

이 책은 컴퓨터 비전에 관한 C++ 참고서나 교재가 아니다. 이 책은 OpenCV의 주요 기술을 구현하는 방법을 배우고 빠르게 시작하려는 C++ 개발자가 대상이며, 컴퓨터 비전/영상처리를 이용한 작업 경험이 있으면 좋다.

이 책의 편집 규약

이 책에서는 여러 가지 정보를 구분하기 위해 여러 가지 편집 규약을 사용했다. 여기서 해당 스타일의 몇 가지 예제와 의미를 설명한다.

본문 내의 코드는 다음과 같이 표시한다. "이 클래스 생성자는 파일 대신에 카메라로부터 비디오를 받도록 `VideoCapture` 객체를 초기화한다."

코드 블록은 다음과 같이 표기한다.

```
#include "opencv2/core/core.hpp"
#include "opencv2/highgui/highgui.hpp"

using namespace std;
using namespace cv;

int main(int argc, char *argv[])
{
    Mat frame; // 각 프레임에 대한 컨테이너
```

코드 블록의 특정 부분을 강조하고 싶을 때 관련 줄이나 항목을 굵게 표시한다.

```
#include "opencv2/core/core.hpp"
#include "opencv2/highgui/highgui.hpp"
#include <iostream>

using namespace std;
using namespace cv;

int main(int argc, char *argv[])
{
```

명령행 입력이나 결과는 다음과 같이 작성한다.

C:\opencv-buildQt\install

예제의 메뉴나 대화상자에 보이는 화면상의 단어는 다음과 같이 고딕 글꼴로 표시한다. "또한 CMake 메인 창에서 Grouped와 Advanced로 명명된 체크박스를 체크해야 한다."

 경고나 중요한 내용은 상자 안에 이렇게 표시한다.

 팁과 트릭은 이렇게 표시한다.

독자 의견

독자의 의견은 언제나 환영이다. 이 책에 대한 생각, 좋은 점과 나쁜 점을 알려주길 바란다. 더 유익한 책을 만들기 위해 독자의 의견은 필수적이다.

일반적인 의견은 이 책의 제목을 메일 제목에 적어서 feedback@packtpub.com으로 보내면 된다.

자신이 특정 분야의 책을 쓰거나 기여하는 데 관심이 있다면 www.packtpub.com/authors에 있는 저자 가이드를 참조하길 바란다.

고객 지원

팩트 출판사의 구매자가 된 독자에게 도움이 되는 몇 가지를 제공하고자 한다.

이 책에 사용된 예제 코드 다운로드

이 책의 예제 코드는 http://www.packtpub.com의 계정을 통해 다운로드할 수 있다. 다른 곳에서 구매한 경우에는 http://www.packtpub.com/support를 방문해 등록하면 파일을 이메일로 직접 받을 수 있다. 에이콘출판사의 도서 정보 페이지인 http://www.acornpub.co.kr/book/opencv-essentials에서도 예제 코드를 다운로드할 수 있다.

이 책의 컬러 이미지 파일 다운로드

이 책에 사용한 스크린샷/다이어그램의 컬러 이미지가 들어 있는 PDF 파일도 제공한다. 컬러 이미지는 결과 변화를 더 잘 이해하는 데 도움이 된다. https://www.packtpub.com/sites/default/files/downloads/4244OS_Graphics.pdf에서 이 PDF 파일을 다운로드할 수 있다. 에이콘출판사의 도서정보 페이지 http://www.acornpub.co.kr/book/opencv-essentials에서도 파일을 다운로드할 수 있다.

오탈자

내용을 정확하게 전달하기 위해 최선을 다했지만, 실수가 있을 수 있다. 팩트 출판사의 책에서 코드나 텍스트상의 문제를 발견해서 알려준다면 매우 감사할 것이다. 그런 참여를 통해 다른 독자에게 도움을 주고, 다음 버전에서 책을 더 완성도 있게 만들 수 있다. 오탈자를 발견한다면 http://www.packtpub.com/support를 방문해 이 책을 선택하고, 정오표 제출 양식을 통해 오류 정보를 알려주길 바란다. 보내준 내용이 확인되면 웹사이트에 그 내용이 올라가거나, 해당 서적의 정오표 섹션에 그 내용이 추가될 것이다. http://www.packtpub.com/support에서 해당 타이틀을 선택하면 지금까지의 정오표를 확인할 수 있다. 한국어판은 에이콘출판사 도서정보 페이지 http://www.acornpub.co.kr/book/opencv-essentials에서 찾아볼 수 있다.

저작권 침해

인터넷에서의 저작권 침해는 모든 매체에서 벌어지고 있는 심각한 문제다. 팩트 출판사에서는 저작권과 라이선스 문제를 아주 심각하게 인식하고 있다. 어떤 형태로든 팩트 출판사 서적의 불법 복제물을 인터넷에서 발견했다면 적절한 조치를 취할 수 있게 해당 주소나 사이트 명을 즉시 알려주길 부탁한다.

의심되는 불법 복제물의 링크는 copyright@packtpub.com으로 보내주길 바란다.

저자와 더 좋은 책을 위한 팩트 출판사의 노력을 배려하는 마음에 깊은 감사의 뜻을 전한다.

질문

이 책에 관련된 질문이 있다면 questions@packtpub.com을 통해 문의하길 바란다. 최선을 다해 질문에 답해 드리겠다. 한국어판에 관한 질문은 이 책의 옮긴이나 에이콘출판사 편집 팀(editor@acornpub.co.kr)으로 문의해주길 바란다.

1
시작하기

1장은 기본 설치 단계와 OpenCV 라이브러리로 애플리케이션을 개발할 때 필요한 설정을 다룬다. 또한 OpenCV 라이브러리가 제공하는 애플리케이션 프로그래밍 인터페이스API와 지원되는 기본 자료형을 사용하기 위한 필수 개념을 소개한다. 1장에는 영상 파일과 비디오 파일을 읽고 쓰기, 실시간 카메라로부터 영상에 접근하는 방법을 보여주는 코드의 전체 예제가 있는 절이 실려 있다. 이번 예제에서는 컴퓨터에 연결된 카메라로부터 실시간 입력에 접근하는 방법도 보여준다.

OpenCV 설정

http://opencv.org/에서 다운로드할 수 있는 OpenCV는 유닉스(리눅스/맥), 마이크로소프트 윈도우, 안드로이드, iOS 같은 가장 대중적인 운영체제들에서 사용할 수 있다. 이 책에서는 OpenCV의 윈도우용 최신 안정 릴리스(2.4.9)를 사용했다. 윈도우인 경우 자동 압축 풀림 형태인 이 최신 안정 릴리스(opencv-2.4.9.exe)를 원하는 위치에 풀어야 한다(예로 c:\opencv-src이며, OPENCV_SRC로 표현). 윈도우에서는 공백 문자가 없는 절대 경로에 소스와 바이너리를 배치할 것을 강력하게 권장함에 특히 주의하자. 나중에 오류가 나타날 수 있기 때문이다.

압축을 푼 후에는 두 하위 디렉터리인 OPENCV_SRC:build와 sources에 배치된 파일을 얻는다. 첫 번째 하위 디렉터리(build)는 32비트와 64비트 아키텍처(각각 x86과 x64 하위 디렉터리에 위치)를 위한 마이크로소프트 비주얼 C++ 컴파일러(MSVC, v10, 11, 12)로 미리 컴파일한 (바이너리) 버전을 포함한다. sources 하위 디렉터리는 OpenCV 라이브러리의 소스 코드를 포함한다. 다른 컴파일러(예: GNU g++)로 이 소스 코드를 컴파일할 수 있다.

 OpenCV의 미리 컴파일된 버전을 사용하는 것이 가장 쉬운 선택사항이며, Path 환경변수에 OpenCV의 동적 라이브러리 바이너리(DLL 파일)의 위치를 설정하면 된다. 예로 이번 설정에서 위치는 32비트 아키텍처를 위해 MS VC 버전 12로 컴파일한 바이너리가 있는 OPENCV_SRC/build/x86/vc12/bin이 될 수 있다. 윈도우7(SP1)에서는 내 컴퓨터의 속성 아래에 있는 고급 시스템 설정에서 환경변수를 변경할 수 있음을 기억하자. Rapid Environment Editor 툴은 path와 윈도우7의 다른 환경변수를 바꾸는 간편한 방법을 제공한다(http://www.rapidee.com에서 다운로드할 수 있음).

1장은 윈도우7(SP1)에 OpenCV를 설치하는 자세한 과정을 다룬다. 리눅스와 다른 운영체제인 경우 http://docs.opencv.org/doc/tutorials/tutorials.html에 있는 OpenCV 온라인 문서('OpenCV Tutorial'의 'Introduction to OpenCV' 절)를 살펴볼 수 있다.

라이브러리 컴파일 대 미리 컴파일된 라이브러리

다른 바이너리 버전이 필요할 때 컴파일할 수 있는 라이브러리의 소스 코드가 OpenCV 배포판에 들어 있다. OpenCV에서 활용할 수 있는 Qt 기반 사용자 인터페이스 함수를 사용해야 할 때 이런 상황이 생긴다(미리 컴파일된 버전에 들어 있지 않음). 게다가 컴퓨터(예: GNU g++)가 OpenCV 라이브러리의 미리 컴파일된 버전을 찾을 수 없을 경우 OpenCV를 빌드하는 과정(컴파일)이 필요하다.

Qt로 OpenCV를 컴파일하기 위해 만족해야 하는 요구사항은 다음과 같다.

- **호환이 되는 C++ 컴파일러**: MinGW_{Minimal GNU GCC for Windows}에 포함하는 GNU g++ 컴파일러는 유닉스상의 표준 컴파일러이며, 코드 호환성 보장에 적합하다. 빌드 과정 전에 컴파일러 바이너리의 위치를 Path 환경변수에 추가하는 것이 꽤 편하다(예로 로컬 시스템에서 위치는 C:\Qt\Qt5.2.1\Tools\mingw48_32\bin이다.).

- **Qt 라이브러리**: 특히 Qt 5.2.1 번들(http://qt-project.org/에서 다운로드할 수 있음)은 쉬운 설치에 맞춰져 있다. 그 이유는 Qt 5.2.1 번들에 Qt 라이브러리와 MinGW 4.8과 OpenGL을 이용하는 완벽한 개발 IDE Qt 크리에이터_{Qt Creator}가 들어 있기 때문이다. Qt 크리에이터는 공개 소프트웨어 라이선스인 완전한 IDE이며 권장한다. Qt 바이너리 위치도 Path 환경변수에 추가해야 한다(예, C:\Qt\Qt5.2.1\mingw48_32\bin).

- **CMake 빌드 시스템**: http://www.cmake-org/에서 다운로드할 수 있는 교차 플랫폼 빌드 시스템은 사용자의 빌드(컴파일) 검사에 사용하는 적합한 구성 파일을 준비해 생성하고, OpenCV 같은 방대한 코드 프로젝트 패키징을 돕는 툴 모음으로 구성된다.

CMake로 OpenCV 구성

이번 절에서 CMake로 OpenCV를 구성하는 단계를 관련된 단계별 화면의 도움을 받아 살펴보자.

1. 첫 번째 단계는 디렉터리와 컴파일러 선택을 포함한다. 일단 CMake를 실행한 후에 소스 디렉터리(OPENCV_SRC)와 빌드 디렉터리(OPENCV_BUILD)를 모두 CMake 메인 창의 적절한 텍스트 필드에 설정할 수 있다. 또한 CMake 메인 창에서 Grouped와 Advanced로 명명된 체크박스를 체크해야 한다. 이어서 Configure 버튼을 클릭한다. 이때 툴은 사용자에게 원하는 컴파일러를 지정할 것을 요구하는데, 네이티브 컴파일러를 사용하는 MinGW Makefiles를 선택한다. Specify native compiler 옵션을 선택했다면 컴파일러와 make 툴의 특정 위치를 지정할 수 있다. Finish 버튼을 클릭한 후에 구성 단계는 계속해서 시스템의 설정을 확인한다. 다음 화면은 사전 구성 과정의 마지막인 CMake 창을 보여준다.

▲ 사전 구성 단계가 끝난 후의 CMake 창

간략화를 목적으로 이 절에서 OPENCV_BUILD와 OPENCV_SRC를 각각 OpenCV 로컬 설정의 목표 디렉터리와 소스 디렉터리로 표시한다. 모든 디렉터리는 현재 로컬 구성과 일치해야 함을 유의하자.

2. 다음 단계에서는 빌드 옵션을 선택한다. 메인 CMake 창의 가운데에 있는 빨간 항목을 원하면 바꿀 수 있다. 이번 설정에서 WITH 레이블로 묶은 항목을 연 후에 WITH_QT 항목을 ON으로 설정한다. 그러면 새로운 옵션 집합을 얻기 위해 다시 Configure를 클릭한다.

3. 자, 다음 단계에서는 Qt 디렉터리를 설정한다. 메인 CMake 창에 빨간 색으로 표식된 몇 개 항목이 있는데, Qt로 OpenCV를 빌드하기 위해 필요한 디렉터리다. 설정해야 하는 항목은 다음과 같다. QT5Concurrent_DIR, Qt5Core_DIR, Qt5Gui_Qt5OpenGL_DIR, QtTest_DIR, Qt5Widgets_DIR(다음 그림을 참조). 이번 설정에서 이런 디렉터리를 C:\Qt\Qt5.2.1\5.2.1\mingw48_32\lib\cmke 아래에서 찾을 수 있다.

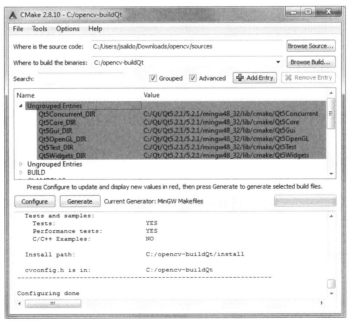

▲ CMake 창에서 Qt 디렉터리 설정

Configure 버튼을 일단 클릭하면, 앞의 그림처럼 빨간 항목이 더 이상 존재하지 않으며, 구성 과정을 최종적으로 완료한다.

4. 마지막 단계에서는 프로젝트를 생성한다. 이 단계에서는 대상 플랫폼에서 OpenCV를 빌드하는 적합한 프로젝트 파일을 얻기 위해 Generate 버튼을 클릭한다. 그리고 나서 컴파일을 계속하려면 CMake GUI를 닫아야 한다.

방금 설명했던 과정에서, 생성 단계 전에 원하는 대로 구성 옵션을 여러 번 변경할 수 있다. 설정되는 몇몇 다른 편리한 옵션을 다음과 같이 나열한다.

- BUILD_EXAMPLES: 이 옵션은 배포판에 포함된 여러 예제의 소스 코드 컴파일에 사용된다.

- BUILD_SHARED_LIBS: OpenCV 라이브러리의 정적 버전을 얻기 위해 이 옵션을 체크하지 않는다.

- CMAKE_BUILD_TYPE: 디버깅 목적 등의 버전을 얻기 위해 Debug로 설정한다.

- WITH_TBB: 병렬 C++ 코드를 쉽게 작성할 수 있는 인텔 스레딩 빌딩 블록 Threading Building Block 사용을 활성화하기 위해 이 옵션을 설정한다.

- WITH_CUDA: CUDA 라이브러리를 통한 GPU 처리를 사용하기 위해 이 옵션을 설정한다.

OpenCV 라이브러리 빌드와 설치

CMake로 구성하는 동안에 설정한 대상 디렉터리(OPENCV_BUILD)에서(즉, 앞 목록의 첫 번째 단계) 콘솔로부터 컴파일을 실행해야 한다. 이 명령어는 다음과 같이 이용해야 한다.

```
OPENCV_BUILD>mingw32-make
```

이 명령어는 CMake가 생성한 파일을 사용해 빌드 과정을 실행한다. 컴파일은 통상적으로 몇 분이 걸린다. 오류 없이 컴파일이 끝났다면 다음 명령어를 실행해 설치를 계속한다.

```
OPENCV_BUILD>mingw32-make install
```

이 명령어는 OpenCV 바이너리를 다음 디렉터리에 복사한다.

```
C:\opencv_buildQt\install
```

컴파일하는 동안에 뭔가 잘못됐다면, 이전 단계에서 선택했던 옵션을 변경하기 위해 CMake로 되돌아가야 한다. 라이브러리 바이너리(DLL 파일)의 위치를 Path 환경변수에 추가함으로써 설치가 끝난다. 이번 설정에서 이 디렉터리는 OPENCV_BUILD\install\x64\mingw\bin에 위치해 있다.

설치 과정을 성공했는지 확인하기 위해 OpenCV 라이브러리에 포함된 컴파일된 몇몇 예제를 실행할 수 있다(CMake로 BUILD_EXAMPLE 옵션을 설정했다면). OPENCV_BUILD\install\x64\mingw\samples\cpp에서 이 코드 샘플을 찾을 수 있다.

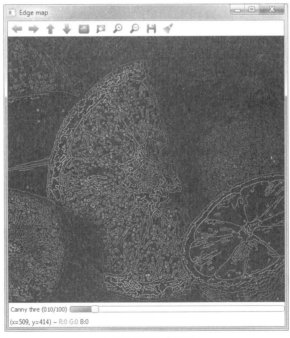

▲ 캐니 에지 검출 예제

앞 그림은 소스 OpenCV 배포판에 포함된 입력 파일인 fruits.jpg에 캐니 에지 검출을 시연하는 예제 cpp-example-edge.exe 파일에 대한 결과 창을 보여 준다.

다음 절에서는 윈도우7-x32 플랫폼에서 Qt 5.2.1(MinGW 4.8)로 OpenCV를 설정할 때 사용하는 방법을 요약한다.

OpenCV 설정을 위한 빠른 방법

다음 단계를 이용해 OpenCV를 설정하는 전체 과정을 완수할 수 있다.

1. Qt5를 다운로드해 설치한다(http://qt-project.org/에서 다운로드할 수 있음).

2. MinGW의 bin 디렉터리(g++와 gmake가 있음)를 Path 환경변수에 추가한다 (예: C:\Qt\Qt5.2.1\Tools\mingw48_32\bin\).

3. Qt의 bin 디렉터리(DLL이 있음)를 Path 환경변수에 추가한다(예: C:\Qt\Qt5.2.1\mingw48_32\bin\).

4. CMake를 다운로드해 설치한다(http://www.cmake.org/에서 다운로드할 수 있음).

5. OpenCV 압축 파일을 다운로드한다(http://opencv.org/에서 다운로드할 수 있음).

6. 다운로드한 압축 파일을 OPENCV_SRC 디렉터리에 푼다.

7. 다음 단계를 이용해 CMake로 OpenCV 빌드 프로젝트를 구성한다.

    1. 소스(OPENCV_SRC)와 대상(OPENCV_BUILD) 디렉터리를 선택한다.

    2. Grouped와 Advanced 체크박스를 표식한 후, Configurate를 클릭한다.

    3. 컴파일러를 선택한다.

    4. BUILD_EXAMPLE과 WITH_QT 옵션을 설정한 후, 마지막으로 Configure 버튼을 클릭한다.

5. 다음과 같이 Qt 디렉터리인 Qt5Concurrent_DIR, Qt5Core_DIR, Qt5Gui_DIR, Qt5OpenGL_DIR, Qt5Test_DIR, Qt5Widgets_DIR을 설정한 후에, **Configure** 버튼을 다시 클릭한다.

6. (CMake 창에서 빨간색으로 표식된) 어떠한 오류가 보고되지 않았다면, **Generate** 버튼을 클릭할 수 있다. 몇몇 오류가 보고됐다면, 잘못된 옵션을 바로 잡아야 하며, **Configure** 단계를 반복해야 한다. **Generate** 단계 후에 CMake를 닫는다.

8. OPENCV_BUILD 디렉터리 아래에서 콘솔을 연 후, mingw32-make 명령어를 실행한다.

9. 빌드 과정에서 오류를 만들지 않았다면, 명령행에서 mingw32-make install을 실행한다.

10. OpenCV의 bin 디렉터리(DLL이 있음)를 Path 환경변수에 추가한다(예: OPENCV_BUILD\install\x64\mingw\bin\).

OpenCV 라이브러리를 올바르게 설치했는지 확인하기 위해 OPENCV_BUILD\install\x64\mingw\samples\cpp에 포함된 몇몇 예제를 실행할 수 있다.

API 개념과 기본 자료형

설치 후에 새로운 OpenCV 코드 프로젝트를 준비하는 것은 꽤 간단한 과정이며, 헤더 파일을 포함하되 컴파일러가 프로젝트에 사용되는 파일과 라이브러리를 찾도록 지시해야 한다.

OpenCV는 관련 기능을 묶은 여러 모듈로 구성된다. 각 모듈은 모듈 이름과 동일한 디렉터리에 위치한 관련 헤더 파일(예: core.hpp)을 갖는다(즉, OPENCV_

BUILD\install\include\opencv2⟨module⟩). OpenCV의 현재 버전에서 제공하는
모듈은 다음과 같다.

- core: 이 모듈은 모든 다른 모듈과 조밀 다차원 행렬dense multidimensional array
  Mat를 포함한 기본적인 데이터 구조가 사용하는 기본(핵심) 모듈이다.

- highgui: 간단한 사용자 인터페이스(UI) 능력과 비디오 및 영상 캡처를 위
  한 쉬운 인터페이스를 제공한다. Qt 옵션으로 OpenCV 라이브러리를 빌
  드하면 Qt 프레임워크와 호환되는 UI가 가능해진다.

- imgproc: 이 모듈은 필터링(선형과 비선형), 기하학적 변환, 컬러 공간 변환
  등이 들어 있는 영상처리 함수를 포함한다.

- features2d: 이 모듈은 특징feature 검출(코너와 평면 객체), 특징 기술, 특징
  정합 등을 위한 함수를 포함한다.

- objdetect: 객체 검출, 미리 정의된 검출 클래스의 인스턴스(예: 얼굴, 눈, 미
  소, 사람, 자동차 등)에 대한 함수를 포함한다.

- video: 비디오 분석 기능(움직임 검출, 배경 추출, 객체 추적)을 제공한다.

- gpu: 이 모듈은 다른 OpenCV 모듈의 일부 함수에 대한 GPU 가속 알고리
  즘의 모음을 제공한다.

- ml: 통계 분류, 회귀, 데이터 군집화 같은 기계 학습 도구를 구현하기 위한
  함수를 포함한다.

- 몇몇 다른 덜 일반적인 잡다한 모듈은 카메라 교정, 군집화, 계산적 사진학,
  영상 잇기, OpenCL 가속 CV, 초고해상도 등에 중점을 둔다.

모든 OpenCV 클래스와 함수는 cv 네임스페이스 안에 있다. 따라서 소스 코
드에서 다음과 같이 두 가지 옵션을 갖는다.

- 헤더 파일을 포함한 후에 using namespace cv 선언을 추가한다(이것은 책에
  서 모든 코드 예제에 사용되는 옵션이다).

● 사용하는 모든 OpenCV 클래스, 함수, 데이터 구조체에 접두사로서 cv:: 지정자를 덧붙인다. OpenCV가 제공하는 외부 이름이 표준 템플릿 라이브러리STL, standard template library나 다른 라이브러리와 충돌 시 이 옵션을 강력하게 권장한다.

자료형 클래스는 OpenCV를 위한 원시 자료형을 정의한다. 원시 자료형은 bool, unsigned char, signed char, unsigned short, signed sort, int, float, double이나 이런 원시 자료형 중 한 가지 값의 튜플tuple이 될 수 있다. 다음과 같은 형태인 식별자로 모든 원시 타입을 정의할 수 있다.

CV <비트 깊이>{U|S|F}C(<채널 개수>)

앞 코드에서 U, S, F는 차례로 각각 부호 없고, 부호 있고, 부동소수점임을 의미한다. 단일 채널 배열인 경우 자료형을 기술할 때 다음과 같이 열거형으로 적용한다.

enum {CV_8U=0, CV_8S=1, CV_16U=2, CV_16S=3, CV_32S=4, CV_32F=5, CV_64F=6};

다음 그림은 8비트 부호 없는 정수(CV_8U)인 단일 채널(4×4) 배열의 그래픽 표현을 보여준다. 이 경우 각 요소는 그레이스케일 영상으로 표현할 수도 있는 0부터 255까지의 값을 가져야 한다.

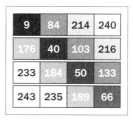

▲ 그레이스케일 영상을 위한 8비트 부호 없는 정수의 단일 채널 배열

다채널 배열(512 채널까지)을 위해 모든 앞 자료형을 정의할 수 있다. 다음 도표는 8비트 부호 없는 정수의 3채널 4×4 배열을 그래프 표현으로 보여준다

(CV_8UC3). 이번 예제에서 배열은 RGB 영상에 대응하는 세 요소의 튜플로 구성
된다.

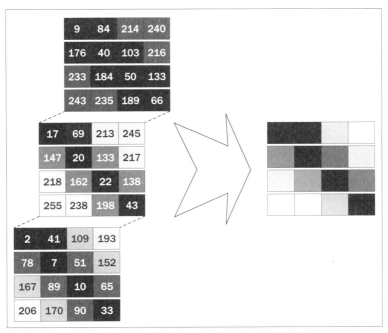

▲ RGB 영상을 위한 8비트 부호 없는 정수의 3채널 배열

 여기서 다음 세 선언인 CV_8U, CV_8UC1, CV_8UC(1)이 서로 동일함에 주목해야 한다.

OpenCV의 Mat 클래스는 조밀 n-차원 단일 또는 다채널 배열에 사용된다. 실
수나 복소수 값 벡터와 행렬, 컬러나 그레이스케일 영상, 히스토그램, 점군point
cloud 등을 저장할 수 있다.

Mat 객체를 생성하는 다양한 방법이 있는데, 가장 인기 있는 방법은 다음과 같
이 배열의 크기와 타입을 지정하는 생성자를 이용하는 것이다.

```
Mat(nrows, ncols, type[, fillValue])
```

배열 요소의 초기 값을 전형적인 4-요소 벡터인 Scalar 클래스로 설정할 수 있다(영상의 RGB와 투명도 성분을 배열에 저장). 다음으로, 몇몇 Mat 사용 예제는 다음과 같다.

```
Mat img_A(640, 480, CV_8U, Scalar(255)); // 흰 영상
// 8비트 부호 없는 정수인 640×480 단일 채널 배열
// (255 값까지, 그레이스케일 영상만 유효, 예로 255=흰색)
...
Mat img_B(Size(800, 600), CV_8UC3, Scalar(0,255,0)); // 초록 영상
// 8비트 부호 없는 정수인 800×600 3차원 배열
// (24비트 컬러 깊이까지, RGB 컬러 영상만 유효)
```

 OpenCV는 컬러 RGB 영상을 3채널(투명도일 경우, 즉 알파 채널이면 4채널) 배열을 할당하며, 더 높은 값이 더 밝은 화소에 대응하는 BGR 순서를 따름에 유의하자.

Mat 클래스는 영상을 저장하고 조작하는 주요 데이터 구조체다. OpenCV는 이런 데이터 구조체를 위해 자동으로 메모리를 할당하고 해제하는 메커니즘을 구현했다. 하지만 프로그래머는 여전히 데이터 구조체가 동일한 버퍼 메모리를 공유할 때 특히 신경을 써야 한다.

OpenCV의 많은 함수는 일반적으로 Mat 클래스를 사용해 조밀 단일 또는 다채널 배열을 처리한다. 다만 경우에 따라 std::vector<>, Matx<>, Vec<> 또는 Scalar 같은 다른 자료형이 편리할 수도 있다. 이런 목적을 위해 OpenCV는 함수의 파라미터로 사용되는 어떠한 이전 타입을 받아들이는 프록시 클래스인 InputArray와 OutputArray를 제공한다.

첫 프로그램: 영상과 비디오를 읽고 쓰기

이 책의 예제를 준비하기 위해 Qt 크리에이터 IDE(Qt 5.2 번들에 포함), MinGW g++ 4.8로 컴파일된 OpenCV 2.4.9와 Qt 기능을 사용한다. C++ 프로그래밍에 매우 도움이 되는 기능을 갖춘 Qt 크리에이터는 공개 다중 플랫폼 IDE다. 하지만 사용자는 실행 파일을 빌드하기 위해 요구에 가장 잘 부합하는 툴 체인tool chain을 선택할 수 있다.

OpenCV로 하는 첫 Qt 크리에이터 프로젝트는 정말 간단한 영상 뒤집기 툴로서 이름은 flipImage다. 이 툴은 컬러 영상 파일을 읽어 그레이스케일 영상으로 변환한 후, 뒤집어서 결과 파일에 저장한다.

이 애플리케이션을 위해 File > New File 또는 File > Project…를 찾아 새로운 코드 프로젝트 생성을 택한 후, Non-Qt Project > Plain C++ Project를 찾는다. 그러면 프로젝트 이름과 위치를 선택해야 한다. 다음 단계에서는 프로젝트를 위한 킷(즉 컴파일러, 이번 경우 Desktop Qt 5.2.1 MinGW 32 bit임)과 생성된 바이너리가 있는 위치를 선택한다. 보통 두 가지 가능한 빌드 구성(프로파일)인 debug와 release를 사용한다. 이 프로파일은 바이너리 빌드와 실행에 적절한 플래그를 설정한다.

Qt 크리에이터 프로젝트를 생성하면, 빌드와 실행 과정을 구성하기 위한 두 개의 특수한 파일(.pro와 .pro.user 확장자를 갖는)이 생성된다. 프로젝트 생성 과정에서 선택한 킷이 빌드 과정을 결정한다. Desktop Qt 5.2.1 MinGW 32 bit 킷을 이용하는 빌드 과정은 qmake와 mingw32-make 툴에 의존한다. qmake는 .pro 파일을 입력으로 사용해 각 프로파일(즉, release와 debug)의 빌드 과정을 주도하는 Make(즉, mingw32-make)를 위한 메이크파일makefile을 생성한다.

qmake 프로젝트 파일

filpImage 예제 프로젝트의 filpImage.pro는 다음 코드처럼 생겼다.

```
TARGET: flipImage
TEMPLATE = app
CONFIG += console
CONFIG -= app_bundle
CONFIG -= qt

SOURCES += \
    flipImage.cpp
INCLUDEPATH += C:\\opencv-buildQt\\install\\include
LIBS += -LC:\\opencv-buildQt\\install\\x64\mingw\\lib \
    -lopencv_core249.dll \
    -lopencv_highgui249.dll
```

flipImage.pro 파일은 qmake가 프로젝트의 바이너리를 빌드하기 위해 적절한 메이크파일을 생성하는 데 필요한 옵션을 보여준다. 각 줄은 옵션을 나타내는 태그(TARGET, CONFIG, SOURCES, INCULDEPATH, LIBS)부터 시작해 옵션의 값을 추가(+=)하거나 제거(-=)하는 마크가 따라온다. 이 예제 프로젝트에서 비 Qt 콘솔 애플리케이션을 다룬다. 실행 파일은 flipImage.exe(TARGET)이고 소스 파일은 flipImage.cpp(SOURCES)다. 이 프로젝트는 OpenCV 프로젝트이므로, 두 마지막 태그는 헤더 파일(INCLUDEPATH)과 이 특정 모듈(예: core와 highgui)이 사용하는 OpenCV 바이너리(LIBS)의 위치를 가리킨다. 줄의 끝에 있는 백슬래시는 다음 줄로 이어지는 것을 의미함에 유의하자. 윈도우에서는 앞 예제를 통해 보여준 것처럼 경로 백슬래시는 두 개여야 한다.

다음 코드는 flipImage 프로젝트의 소스 코드를 보여준다.

```cpp
#include "opencv2/core/core.hpp"
#include "opencv2/highgui/highgui.hpp"
#include <iostream>

using namespace std;
```

```
using namespace cv;

int main(int argc, char *argv[])
{
    int flip_code=0;
    Mat out_image; // 결과 영상

    if (argc != 4) { // 인자 개수 확인
        cout << "Usage: <cmd> <flip_code> <file_in> <file_out>\n";
        return -1;
    }
    Mat in_image = imread(argv[2], CV_LOAD_IMAGE_GRAYSCALE);
    if (in_image.empty()) { // 읽었는지 확인
        cout << "Error! Input image cannot be read...\n";
        return -1;
    }
    sscanf(argv[1], "%d", &flip_code); // 뒤집기 코드 읽기
    flip(in_image, out_image, flip_code);
    imwrite(argv[3], out_image); // 영상을 파일에 쓰기
    namedWindow("Flipped…"); // 창 생성
    imshow(win, out_image); // 창에 결과 영상을 보여주기
    cout << "Press any key to exit...\n";
    waitKey(); // 키를 누를 때까지 무한히 기다림
    return 0;
}
```

프로젝트를 빌드한 후에 명령행에서 다음과 같이 flipImage 애플리케이션을 실행할 수 있다.

CV_SAMPLES/flipImage_build/debug>flipImage.exe -1 lena.jpg lena_f.jpg

다음 그림은 두 축(수평과 수직)에서 뒤집은 후의 결과 영상이 있는 창을 보여준다.

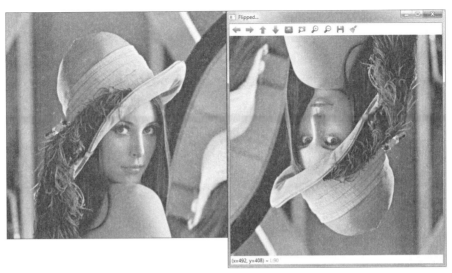

▲ 입력 영상(왼쪽)과 flipImage 툴을 적용한 후의 결과 영상(오른쪽)

소스 코드는 애플리케이션이 사용하는 모듈과 관련된 헤더 파일(core.hpp와 highgui.hpp)을 포함하는 것부터 시작한다. opencv.hpp만 포함하는 것도 가능한데, OpenCV의 모든 헤더를 결과적으로 포함하기 때문임에 주목하자.

flipImage 예제는 뒤집기 코드와 명령행 인자인 두 파일 이름(입력 영상과 결과영상)을 갖는다. 이 인자는 argv[] 변수로부터 얻는다. 다음 예제는 OpenCV 애플리케이션의 여러 필수적인 작업을 보여준다.

1. 파일로부터 Mat 클래스로 영상을 읽은 후(imread), 대상 변수가 비어 있는지 여부를 확인한다(Mat::empty).

2. 프록시 클래스인 InputArray(in_image)와 OutputArray(out_image)로 프로시저(예: flip)를 호출한다.

3. 영상을 파일에 쓴다(imwrite).

4. 결과 창(namedWidnow)을 생성하고, 영상을 결과 창에 보여준다(imshow).

5. 키를 기다린다(waitKey).

코드를 다음과 같이 설명한다.

- `Mat imread(const string& filename, int flag=1)`: 이 함수는 지정한 파일로부터 영상을 불러온 후 반환한다. 또한 영상을 읽을 수 없으면 빈 행렬을 반환한다. 영상의 가장 일반적인 영상 포맷을 지원하며, 확장자 대신에 내용을 감지한다. `flag` 파라미터는 메모리에 적재한 영상의 컬러를 나타내며, 파일에 저장된 영상의 컬러와 다를 수 있다. 예제 코드에서 다음과 같이 이 함수를 사용한다.

```
Mat in_image = imread(argv[2], CV_LOAD_IMAGE_GRAYSCALE);
```

여기서, 파일명은 명령행 인자로부터 얻는다(명령어 이름 다음인 두 번째 인자). `CV_LOAD_GRAYSCALE` 플래그는 메모리에 영상을 8비트 그레이스케일 영상으로 적재해야 함을 나타낸다. 사용 가능한 태그 설명에 대해서는 OpenCV 온라인 문서를 읽을 것을 권장한다(http://docs.opencv.org/에서 볼 수 있음).

- `bool imwrite(const string& filename, InputArray img, const vector<int>& params=vector<int>())`: 이 함수는 주어진 파일에 영상을 쓰며, 몇몇 옵션 포맷 파라미터를 두 번째 인자 다음에 지정한다. 결과 파일의 포맷을 파일 확장자로 결정한다. 예제 코드에서 다음과 같이 이 함수를 포맷 파라미터 없이 사용한다.

```
imwrite(argv[3], out_image);
```

- `void namedWindow(const string& winname, int flags=WINDOW_AUTOSIZE)`: 이 함수는 영상을 표시하지 않은 창을 생성한다. 첫 인자는 창의 이름으로 사용되는 문자열이며 창 식별자다. 두 번째 인자는 몇몇 창 속성(예: 크기 재조정 활성화)을 제어하는 플래그 또는 플래그 조합이다. 다음으로 이번 예제에서 이 함수는 생성한 창에 대한 이름인 상수 문자열을 사용하는 방법을 다음과 같이 보여준다.

```
namedWindow("Flipped …"); // 창 생성
```

Qt로 OpenCV를 컴파일하는 과정에서 highgui 모듈에 몇몇 새로운 기능을 추가한 후에(나중에 이야기한다.) Qt로 창을 생성하며, namedWindow 함수는 기본 플래그인 CV_WINDOW_AUTOSIZE, CV_WINDOW_KEEPRATIO 또는 CV_GUI_EXPANDED를 사용한다.

- void imshow(const string& winname, InputArray mat): 이 함수는 이전에 창을 생성했을 때 지정한 플래그로 설정한 속성을 이용해 배열(영상)을 창에 표시한다. 이번 예제에서 다음과 같이 이 함수를 사용한다.

```
imshow(win, out_image); // 창에 결과 영상을 보여주기
```

- int waitKey(int delay=0): 이 함수는 키를 누르거나 delay(delay가 0보다 큼)로 지정한 밀리초 동안 기다린다. Delay가 0보다 작거나 같으면 무한히 기다린다. 입력하면 키 코드를 반환하거나 지연 후에 키를 입력하지 않으면 -1을 반환한다. 창을 생성하고 활성화한 후에 이 함수를 사용해야 한다. 예제 코드에서 다음과 같이 사용한다.

```
waitKey(); // 키를 누를 때까지 무한히 기다림
```

비디오 파일을 읽은 후 재생

비디오는 정지 영상 대신에 움직이는 영상을 처리한다. 즉 프레임 시퀀스를 적절한 비율(FPS 혹은 초당 프레임)로 표시한다. 다음 showVideo 예제는 OpenCV로 비디오 파일을 읽은 후 재생하는 방법을 보여준다.

```
//… (간략화를 위해 생략)
int main(int argc, char *argv[])
{
    Mat frame; // 각 프레임에 대한 컨테이너
```

```
VideoCapture vid(argv[1]); // 원 비디오 파일 열기
if (!vid.isOpened()) // 파일을 열었는지 여부 확인
    return -1;
int fps = (int)vid.get(CV_CAP_PROP_FPS);
namedWindow(argv[1]); // 창 생성
while (1) {
    if (!vid.read(frame)) // 비디오 파일의 끝인지 확인
        break;
    imshow(argv[1], frame); // 창에 현재 프레임을 보여주기
    if (waitKey(1000/fps) >= 0)
        break;
}
return 0;
}
```

코드를 다음과 같이 설명한다.

● VideoCapture::VideoCapture(const string& filename): 이 클래스 생성
  자는 파일과 카메라로부터 비디오를 잡는 C++ API를 제공한다. 생성자는
  한 인자만 가질 수 있으며 파일 명이나 카메라의 디바이스 첨자 중 하나다.
  코드 예제에서 다음과 같이 명령행 인자로부터 얻은 파일 명을 사용한다.

  VideoCapture vid(argv[1]);

● double VideoCapture::get(int propId): 이 메소드는 지정된
  VideoCapture 속성을 반환한다. VideoCapture 클래스가 사용하는 백엔드
  가 이 속성을 지원하지 않으면 반환되는 값은 0이다. 다음 예제에서 비디오
  파일의 초당 프레임을 얻을 때 이 메소드를 사용한다.

  int fps = (int)vid.get(CV_CAP_PROP_FPS);

  이 메소드는 double 값을 반환하기 때문에 int로 캐스팅을 명시적으로 수
  행한다.

● bool VideoCapture::read(Mat& image): 이 메소드는 VideoCapture 객체
  로부터 잡아내서 디코딩한 비디오 프레임을 반환한다. 이 프레임은 Mat 변

수에 저장된다. 실패하면(예로, 파일의 끝에 도달하면) false를 반환한다. 코드 예제에서 다음과 같이 이 메소드를 사용하며, 파일의 끝 조건도 확인한다.

```
if (!vid.read(frame)) // 비디오 파일의 끝인지 확인
    break;
```

앞 예제에서, waitKey는 원래 기록됐던 동일한 비율로 비디오 파일 재생을 시도하도록 계산된 밀리초(100/fps)인 숫자를 사용한다. 비디오를 더 빠른/더 느린 비율(많은/적은 fps)로 재생하면 더 빠른/더 느린 재생을 만든다.

카메라로부터 실시간 입력

보통 접하는 컴퓨터 비전 문제는 하나 또는 여러 카메라로부터의 실시간 비디오 입력을 처리하는 것과 관련되어 있다. 이번 절에서 웹캠으로부터 비디오 스트림을 잡은 후 창에 스트림을 표시하고, 파일(recorded.avi)에 스트림을 기록하는 recLiveVid 예제를 기술한다. 다음 예제에서 기본적으로 cam_id=0으로 카메라로부터 비디오 캡처를 얻는다. 다만 명령행에서 인자를 설정해 두 번째 카메라(cam_id=1)를 다루고 이로부터 비디오를 잡을 수 있다.

```
//... (간략화를 위해 생략)
int main(int argc, char *argv[])
{
    Mat frame;
    const char win_name[]="Live Video...";
    const char file_out[]="recorded.avi";
    int cam_id=0; // 웹캠은 USB 포트에 연결됨
    double fps=20;

    if (argc == 2)
        sscanf(argv[1], "%d", &cam_id);

    VideoCapture inVid(cam_id); // cam_id로 카메라 열기
```

```
    if (!inVid.isOpened())
        return -1;

    int width = (int)inVid.get(CV_CAP_PROP_FRAME_WIDTH);
    int height = (int)inVid.get(CV_CAP_PROP_FRAME_HEIGHT);
    VideoWriter recVid(file_out, CV_FOURCC('F','F','D','S'), fps,
        Size(width, height));
    if (!recVid.isOpened())
        return -1;

    namedWindow(win_name);
    while (1) {
        inVid >> frame;  // 카메라로부터 프레임 읽기
        recVid << frame;  // 비디오 파일에 프레임 쓰기
        imshow(win_name, frame);  // 프레임 보여주기
        if (waitKey(1000/fps) >= 0)
            break;
    }
    inVid.release();  // 카메라 닫기
    return 0;
}
```

코드를 다음과 같이 설명한다.

● VideoCapture::VideoCapture(int device): 이 클래스 생성자는 파일 대신에 카메라로부터 비디오를 받도록 VideoCapture 객체를 초기화한다. 다음 코드 예제에서 생성자는 카메라 식별자를 사용한다.

```
VideoCapture inVid(cam_id);  // cam_id로 카메라 열기
```

● VideoWriter::VideoWriter(const string& filename, int fourcc, double fps, Size frameSize, bool isColor=true): 이 클래스 생성자는 첫 번째 인자로 넘긴 이름인 파일에 비디오 스트림을 쓰기 위한 객체를 생성한다. 두 번째 인자는 4개의 단일 문자 코드(예로, 이전 예제 코드에서 FFDS 는 ffdshow를 의미함)로 비디오 코덱을 식별한다. 당연히 실제로 로컬 시스템

에 설치된 코덱만 사용한다. 세 번째 인자는 기록하는 초당 프레임을 나타 낸다. 이 속성은 `VideoCapture` 객체로부터 `VideoCapture::get` 메소드를 이용해 얻을 수 있긴 하지만, 백엔드에서 이 속성을 지원하지 않으면 0을 반 환할 수도 있다. `frameSize` 인자는 기록할 비디오의 각 프레임에 대한 총 크기를 나타낸다. 마지막 인자인 `isColor`는 프레임을 컬러(기본) 또는 그레 이스케일로 쓸 것인지 여부를 결정한다. 예제 코드에서 이 생성자는 다음 과 같이 ffdshow 코덱과 비디오 캡처의 크기를 사용한다.

```
int width = (int)inVid.get(CV_CAP_PROP_FRAME_WIDTH);
int height = (int)inVid.get(CV_CAP_PROP_FRAME_HEIGHT);
VideoWriter recVid(file_out, CV_FOURCC('F','F','D','S'), fps,
    Size(width, height));
```

- `void VideoCapture::release()`: 이 메소드는 캡처 디바이스(웹캠)나 비디 오 파일을 닫는다. 이 메소드는 항상 암시적으로 프로그램의 끝에서 호출 된다. 하지만 앞 예제에서, 결과 파일의 잘못된 종료를 피하기 위해 명시적 으로 호출했다(기록된 비디오를 재생할 때만 눈에 띔).

요약

1장은 Qt로 OpenCV 라이브러리를 빌드하고 설치하는 방법에 대한 설명부터 시작했다(CMake, GNU g++ 컴파일러, GNU Make 사용). 그런 후에 기본 API 개념에 대해 쉽게 설명하면서 라이브러리의 모듈 구성도를 재빠르게 훑었다. 1장에서 는 배열을 저장하고 영상을 조작하기 위한 기본 데이터 구조체에 대한 더 상세 한 검토를 덧붙였다. 또한 OpenCV 라이브러리의 기본 사용 방법을 보여주기 위해 flipImage, showVideo, recLiveVid 같은 세 가지 코드 예제를 설명했다. 2장에서는 OpenCV 프로그램을 위한 그래픽 사용자 인터페이스 능력을 제공 하기 위해 활용할 수 있는 두 주류 옵션을 소개한다.

2 그래픽 사용자 인터페이스

2장에서는 OpenCV 라이브러리에 포함된 주요 사용자 인터페이스 기능을 다룬다. highgui 모듈에 포함된 사용자 인터페이스 함수부터 시작한 후, 띄운 창에 영상의 몇몇 특정한 특성을 가리키는 객체(텍스트와 기하학적 모양 같은) 삽입을 처리한다. 마지막으로 2장은 OpenCV에 포함된 사용자 경험을 늘려주는 새로운 Qt 함수를 다룬다.

OpenCV의 highgui 모듈 사용

highgui 모듈은 결과를 시각화하고 OpenCV로 개발된 애플리케이션의 기능을 실험하는 쉬운 방법을 제공하기 위해 설계됐다. 1장에서 봤듯이 이 모듈은 다음과 같은 작업을 수행하는 함수를 제공한다.

- VideoCapture 객체를 통해 파일이나 실시간 카메라로부터 파일과 비디오를 읽는다(imread).

- VideoWriter 객체를 통해 메모리에 있는 영상과 비디오를 디스크에 쓴다(imwrite).

- 영상과 비디오 프레임을 표시할 수 있는 창을 생성한다(namedWindow와 imshow).

- 키가 입력되면 이벤트를 가져와 처리한다(waitKey).

물론 이 모듈은 소프트웨어 애플리케이션의 사용자 대화 방식을 개선하는 많은 함수를 포함한다. 2장에서 그중 일부를 설명한다. 다음 tbContrast 코드 예제에서 영상 파일을 읽고 두 개의 창을 생성할 수 있다. 한 창은 원 영상을 보여주고, 다른 창은 아주 간단한 스케일 연산을 적용해 원 영상에 명암대비를 증가시키거나 감소시킨 후의 결과 영상을 보여준다. 다음 예제는 영상의 명암대비 요소(스케일)를 쉽게 변경하는 트랙바를 창에서 생성하는 방법을 보여준다. 코드를 한번 보자.

```
#include "opencv2/core/core.hpp"
#include "opencv2/highgui/highgui.hpp"
#include <iostream>

using namespace std;
using namespace cv;

int main(int argc, char* argv[]) {
    const char in_win[]="Orig. image";
    const char out_win[]="Image converted...(no saved)";
    int TBvalContrast=50; // Initial value of the TrackBar
    Mat out_img;

    if (argc != 2) {
        cout << "Usage: <cmd><input image_file>" << endl;
        return -1;
    }
    Mat in_img = imread(argv[1]); // 영상을 연 후에 읽기
```

```
    if (in_img.empty()) {
        cout << "Error!!! Image cannot be loaded..." << endl;
        return -1;
    }
    namedWindow(in_win); // 원 영상에 대한 창 생성
    moveWindow(in_win, 0, 0); // 창을 위치 (0, 0)에 이동
    imshow(in_win, in_img); // 원 영상을 보여주기
    namedWindow(out_win);
    createTrackbar("Contrast", out_win, &TBvalContrast, 100);
    cout << "Press Esc key to exit..." << endl;
    while (true) {
        in_img.convertTo(out_img, -1, TBvalContrast/50.0);
        imshow(out_win, out_img);
        if (waitKey(50) == 27) // Esc 키를 누르면 중단
            break;
    }
    return 0;
}
```

다음 그림은 원 영상(fruits.jpg)과 tbContrast 애플리케이션으로 명암대비를
증가시켜 얻은 동일한 영상을 보여준다.

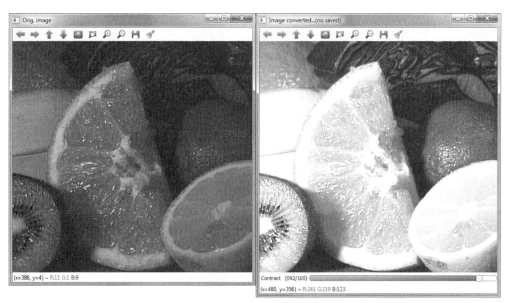

▲ 원 영상과 명암대비를 증가시킨 영상

예제에서 반복을 피하기 위해 코드의 주목할 만한 새로운 부분만 설명한다.

코드를 다음과 같이 설명한다.

- void moveWindow(const string& winname, int x, int y): 이 함수는 창을 지정한 화면의 (x, y) 위치에 이동하며, 왼쪽 상단 코너에 원점(0, 0)이 있다. 창을 생성한 후에 띄우면 기본 위치는 화면의 가운데다. 창 하나만을 띄웠을 때는 꽤 간단한 동작이다. 하지만 여러 창을 보여줘야 할 때 서로 겹치므로 내용을 보기 위해 이동해야 한다. 예제에서 다음과 같이 이 함수를 사용한다.

  moveWindow(in_win,0,0);

  지금은 원 영상을 보여주는 창을 생성한 후에 화면의 왼쪽 상단 코너(원점)로 이동한 반면에, 변환된 영상은 기본 위치(화면의 가운데)에 배치된다.

- intcreateTrackbar(const string&trackbarname, const string&winname, int*value, intrange, TrackbarCallbackonChange=0, void*userdata=0): 이 함수는 지정한 이름과 범위로 창에 붙인 트랙바(슬라이더)를 생성한다. 슬라이더의 위치는 value 변수와 동기화된다. 게다가 슬라이더가 이동한 후에 호출되는 콜백 함수를 구현할 수 있다. 이 호출에서 사용자 데이터에 대한 포인터를 인자로 전달한다. 이번 코드에서 다음과 같이 이 함수를 사용한다.

  createTrackbar("Contrast", out_win, &TBvalContrast, 100);

 콜백은 다른 함수에 인자로 전달되는 함수다. 콜백 함수는 예상했던 이벤트가 발생하면 실행되는 코드에 포인터로 전달된다.

이 코드에서, 이름이 "Contrast"인 트랙바는 연결된 콜백 함수가 없다. 초기에 슬라이더는 전체 범위(100)의 가운데(50)에 위치한다. 이 범위는 최대 배율이 2.0(100/50)까지 허용된다.

- void Mat::convertTo(OutputArray m, int rtype, double alpha=1, double beta=0) const: 이 함수는 배열을 선택사항인 스케일링을 이용해 다른 자료형으로 변환한다. rtype이 음수이면 결과 행렬은 입력과 동일한 타입을 갖는다. 적용된 스케일링 공식은 다음과 같다.

```
m(x, y) = alfa(*this)(x, y) + beta,
```

위 코드에서, 오버플로우일 가능성을 피하기 위해 암시적 캐스트(saturate_cast<>)를 마지막에 적용한다. tbContrast 예제에서, 무한 반복문 안에 이 함수를 사용한다.

```
while (true) {
    in_img.convertTo(out_img, -1, TBvalContrast/50.0);
    imshow(out_win, out_img);
    if (waitKey(50) == 27) // Esc 키를 누르면 중단
        break;
}
```

1장에서 waitKey(인자가 없는) 함수로 키 입력을 기다리는 암시적인 무한 반복문을 생성할 수 있는 코드 예제를 소개했다. 이 반복문 안에서 애플리케이션 메인 창의 이벤트(예: 트랙바, 마우스 등)를 잡아내 처리한다. 반면에 이번 예제에서 convertTo 함수로 0.0(0에서의 슬라이더)부터 2.0(100에서의 슬라이더)까지의 배율을 이용해 명암대비 변경을 적용하는 while 구문이 함께 있는 무한 반복문을 생성한다. Esc 키(아스키 코드는 27)를 누르면 무한 반복문이 멈춘다. 구현된 명암대비 메소드는 아주 간단하다. 원래 값에 명암대비를 증가시키려면 1.0 보다 더 큰 배율을 곱하고, 명암대비를 감소시키려면 1.0보다 더 작은 배율을 곱해 화소의 새로운 값을 계산하기 때문이다. 이 메소드에서 화소 값이 255를 초과하면(임의 채널에서) 반올림(saturate_cast<>)을 수행한다.

3장에서 영상 히스토그램 평활화를 이용해서 영상 명암대비를 개선하는 더 정교한 알고리즘을 설명한다.

그다음에는 tbContrastCallB 예제에서 동일한 기능을 보여준다. 다만 매번 슬라이더가 이동될 때마다 호출되는 trackbarcallback 함수를 사용한다. waitKey 함수가 호출되면 이벤트를 처리함에 유의한다. 아무 키나 누르면 애플리케이션이 끝난다. 코드는 다음과 같다.

```
//... (간략화를 위해 생략)
#define IN_WIN "Orig. image"
#define OUT_WIN "Image converted...(no saved)"
Mat in_img, out_img;

// 명암대비 트랙바에 대한 콜백 함수
void updateContrast(int TBvalContrast, void *userData=0) {

    in_img.convertTo(out_img, -1, TBvalContrast/50.0);
    imshow(OUT_WIN, out_img);
    return;
}

int main(int argc, char* argv[]) {

    int TBvalContrast=50; // 트랙바의 값

    // (간략화를 위해 생략)
    in_img = imread(argv[1]); // 영상을 연 후에 읽기

    // (간략화를 위해 생략)
    in_img.copyTo(out_img); // 원 영상을 최종 영상에 복사
    namedWindow(IN_WIN); // 원 영상에 대한 창 생성
    moveWindow(IN_WIN, 0, 0); // 창을 위치 (0,0)에 이동
    imshow(IN_WIN, in_img); // 원 영상을 보여주기
    namedWindow(OUT_WIN); // 변환된 영상에 대한 창 생성
    createTrackbar("Contrast", OUT_WIN, &TBvalContrast, 100,
```

```
                    updateContrast);
        imshow(OUT_WIN, out_img); // 변환된 영상을 보여주기
        cout << "Press any key to exit..." << endl;
        waitKey();
        return 0;
    }
```

이번 예제에서 updateContrast 함수에 대한 void 포인터를 createTrackbar 함수에 인자로 전달한다.

```
createTrackbar("Contrast", OUT_WIN, &TBvalContrast, 100,
                 updateContrast);
```

콜백 함수는 트랙바의 슬라이더 값을 첫 번째 인자로 얻고, 다른 사용자 데이터에 대한 void 포인터를 얻는다. 이 콜백 함수에서 영상의 새로운 화소 값을 계산한다.

 이번 예제(그리고 이후의 예제)에서 간략화를 위해 코드의 일부분을 보여주지 않는데, 그 이유는 생략된 코드의 경우 이전 예제와 내용이 동일하기 때문이다.

콜백 함수 사용은 새로운 코드에서 몇 가지를 변경하는 원인인데, 이 콜백 함수 안에서 접근 가능한 데이터는 전역 범위에서 정의돼야 하기 때문이다. 이때 다음과 같이 콜백 함수에 전달된 자료형이 더 복잡해지는 것을 피할 수 있다.

● 창 이름을 기호로 정의한다(예: #define IN_WIN). 이전 예제(tbContrast)에서 창 이름은 지역변수에 저장된다(문자열).

● 이 경우에는 원 영상(in_img)에 대한 Mat 변수와 변환된 영상(out_img)을 전역변수로 선언한다.

이 책은 때때로 간략화를 위해 예제 코드에서 전역변수를 사용한다. 전역변수는 코드 어디에서나 변경될 수 있기 때문에 사용에 극히 유의하자.

앞 예제에서 동일한 결과를 만드는 두 가지 다른 구현을 보여줬다. 다만 콜백 함수를 사용한 후의 결과 애플리케이션이 더 효율석인데, 트랙바 슬라이더 변경 시(콜백 함수가 실행되면) 영상 변환에 대한 수학 연산을 수행하기 때문임을 주목하자. 첫 버전(tbContrast)에서 `TBvalContrast` 변수가 변경되지 않을지라도 `convertTo` 함수는 `while` 반복문 안에서 호출된다.

텍스트와 그리기

앞 절에서 트랙바로 입력 값을 얻는 간단한 사용자 인터페이스를 사용했다. 하지만 많은 애플리케이션에서 사용자는 영상에 위치와 영역을 지정한 후, 텍스트 레이블로 표식해야 한다. highgui 모듈은 이 목적을 위해 마우스 이벤트 처리에 따른 그리기 함수 집합을 제공한다.

drawThing 코드 예제는 입력 영상 위에 위치를 표식하는 쉬운 적용을 보여준다. 빨간 원과 그 옆의 검은 텍스트 레이블로 위치를 표식한다. 다음 그림은 입력 영상과 입력 영상에 표식된 위치가 함께 있는 창을 표시한다. 영상에 각 위치를 표식하려면 사용자는 왼쪽 마우스 버튼으로 위치를 클릭해야 한다. 다른 애플리케이션에서 표식된 위치는 입력 영상에 적용된 알고리즘으로부터 얻은 점이나 영역일 수 있다.

다음으로 간략화를 위해 코드의 일부 조각을 생략한 코드를 살펴보자. 코드를 생략한 것은 다른 이전 예제와 중복되기 때문이다.

```
// (간략화를 위해 생략)
#define IN_WIN "Drawing..."

Mat img;

// 마우스 이벤트에 대한 콜백 함수
void cbMouse(int event, int x, int y, int flags, void* userdata) {
```

```
    static int imark=0;
    char textm[] = "mark999";

    if (event == EVENT_LBUTTONDOWN) { // 왼쪽 마우스 버튼을 눌렀을 때
        circle(img, Point(x, y), 4, Scalar(0,0,255), 2);
        imark++; // 표식 개수 증가
        sprintf(textm, "mark %d", imark); // 표식 텍스트 설정
        putText(img, textm, Point(x+6, y), FONT_HERSHEY_PLAIN,
                1, Scalar(0,0,0),2);
        imshow(IN_WIN, img); // 최종 영상을 보여주기
    }
    return;
}

int main(int argc, char* argv[]) {

    // (간략화를 위해 생략)
    img = imread(argv[1]); // 영상을 연 후에 읽기
    // (간략화를 위해 생략)
    namedWindow(IN_WIN);
    setMouseCallback(IN_WIN, cbMouse, NULL);
    imshow(IN_WIN, img);
    cout << "Press any key to exit..." << endl;
    waitKey();
    return 0;
}
```

코드를 다음과 같이 설명한다.

● void setMouseCallback(const string& winname, MouseCallback onMouse, void* userdata=0): 이 함수는 지정한 창의 마우스 이벤트 핸들러를 설정한다. 이 함수에서 두 번째 인지는 미우스 이벤트기 발생할 때마다 실행되는 콜백 함수다. 마지막 인자는 데이터를 함수에 인자로 전달하는 void 포인터다. 이번 코드에서 다음과 같이 이 함수를 사용한다.

```
setMouseCallback(IN_WIN, cbMouse, NULL);
```

이 경우, 창 이름에 대한 전역변수를 사용하는 대신에 전역 범위로 정의된 심벌을 선호했다(IN_WIN).

▲ 원과 원 옆에 텍스트가 함께 있는 영상

마우스 핸들러 자체는 다음과 같이 선언된다.

```
void cbMouse(int event, int x, int y, int flags, void* userdata)
```

여기서 event는 마우스 이벤트 타입이고, x, y는 창에서 이벤트 위치에 대한 좌표이며, flags는 이벤트가 발생할 때의 특정 조건이다. 이번 예제에서 유일하게 캡처된 마우스 이벤트는 왼쪽 마우스 클릭이다(EVENT_LBUTTONDOWN).

다음 열거형은 마우스 콜백 함수에서 처리하는 이벤트와 플래그를 정의한다.

```
enum{
    EVENT_MOUSEMOVE =0,
    EVENT_LBUTTONDOWN =1,
    EVENT_RBUTTONDOWN =2,
    EVENT_MBUTTONDOWN =3,
    EVENT_LBUTTONUP =4,
    EVENT_RBUTTONUP =5,
    EVENT_MBUTTONUP =6,
    EVENT_LBUTTONDBLCLK =7,
    EVENT_RBUTTONDBLCLK =8,
    EVENT_MBUTTONDBLCLK =9};

enum {
    EVENT_FLAG_LBUTTON =1,
    EVENT_FLAG_RBUTTON =2,
    EVENT_FLAG_MBUTTON =4,
    EVENT_FLAG_CTRLKEY =8,
    EVENT_FLAG_SHIFTKEY =16,
    EVENT_FLAG_ALTKEY =32};
```

● void circle(Mat& img, Point center, int radius, const Scalar& color, int thickness=1, int lineType=8, int shift=0): 이 함수는 center로 표식한 위치에서 지정한 radius(화소 단위)와 color로 영상에 원을 그린다. 게다가 선에 대한 thickness 값과 다른 부가 파라미터를 설정할 수 있다. 예제에서 이 함수의 사용법은 다음과 같다.

```
circle(img, Point(x, y), 4, Scalar(0,0,255), 2);
```

원의 중심은 마우스로 클릭한 곳인 점이다. 반지름은 4화소이고, 두께가 2화소인 선의 컬러는 순수한 빨강(Scalar(0, 0, 255))이다.

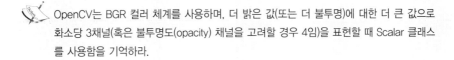

OpenCV는 BGR 컬러 체계를 사용하며, 더 밝은 값(또는 더 불투명)에 대한 더 큰 값으로 화소당 3채널(혹은 불투명도(opacity) 채널을 고려할 경우 4임)을 표현할 때 Scalar 클래스를 사용함을 기억하라.

highgui 모듈에 포함된 다른 그리기 함수를 사용해 타원, 선, 사각형, 다각형을 그릴 수 있다.

- void putText(Mat& image, const string& text, Point org, int fontFace, double fontScale, Scalar color, int thickness=1, int lineType=8, bool bottomLeftOrigin=false): 이 함수는 인자인 fontFace, fontScale, color, thickness, lineType으로 설정한 속성을 이용해 image에서 지정한 위치(org)에 text 문자열을 그린다. 왼쪽 하단 코너에서 마지막 인자(bottomLeftOrigin)로 좌표 원점을 설정하는 것이 가능하다. 예제에서 다음과 같이 이 함수를 사용한다.

```
imark++; // 표식 개수 증가
sprintf(textm, "mark %d", imark); // 표식 텍스트 설정
putText(img, textm, Point(x+6, y), FONT_HERSHEY_PLAIN,
        1.0, Scalar(0,0,0),2);
```

drawThing 예제에서, 텍스트인 "mark"와 표식 순서를 가리키는 증가하는 숫자를 함께 그린다. 표식 순서를 저장하기 위해 호출 간의 표식 순서 값을 유지하는 static 변수(imark)를 사용했다. putText 함수는 마우스 클릭이 발생한 위치에서 x축의 6화소만큼 이동해 텍스트를 그린다. FONT_HERSEY_PLAIN으로 지정한 글꼴을 배율(1.0) 없이 검은색(Scalar(0, 0, 0))이되 2화소인 두께로 그린다.

활용할 수 있는 글꼴에 대한 플래그는 열거형으로 정의된다.

```
enum{
    FONT_HERSHEY_SIMPLEX = 0,
    FONT_HERSHEY_PLAIN = 1,
    FONT_HERSHEY_DUPLEX = 2,
    FONT_HERSHEY_COMPLEX = 3,
    FONT_HERSHEY_TRIPLEX = 4,
    FONT_HERSHEY_COMPLEX_SMALL = 5,
    FONT_HERSHEY_SCRIPT_SIMPLEX = 6,
    FONT_HERSHEY_SCRIPT_COMPLEX = 7,
    FONT_ITALIC = 16};
```

영역 선택

많은 컴퓨터 비전 애플리케이션은 영상의 지역 영역 내부에 관심을 둘 것을 요구한다. 그런 경우 이것은 원하는 관심 영역ROI, regions of interest을 선택하는 매우 유용한 사용자 도구다 drawRs 예제에서 선택한 영역 안의 명암대비를 지역적으로 증가시키기 위해(다음 그림에서 보듯이) 영상에서 마우스로 사각형 영역을 선택하는 방법을 보여준다. 영역 선택에 대한 더 나은 제어를 위해 각 영역의 경계 사각형 모양을 바꾸기 위한 눌러서 끌기click-and-drag 동작을 구현한다.

▲ 몇몇 사각형 영역의 명암대비를 증가시킨 결과 영상

간략화를 위해 마우스 이벤트에 대한 콜백 함수에 해당하는 코드만 보여주는데, 나머지는 이전 예제와 꽤 비슷하기 때문이다. 코드는 다음과 같다.

```
void cbMouse(int event, int x, int y, int flags, void* userdata) {

    static Point p1, p2; // 호출 간의 값을 담는 정적 변수
    static bool p2set = false;

    if (event == EVENT_LBUTTONDOWN) { // 왼쪽 마우스 버튼을 누름
        p1 = Point(x, y); // 원점을 설정
        p2set = false;
    } else if (event == EVENT_MOUSEMOVE && flags == EVENT_FLAG_
LBUTTON) {
        if (x > orig_img.size().width) // 경계 확인
            x = orig_img.size().width;
        else if (x < 0)
            x = 0;
        if (y > orig_img.size().height) // 경계 확인
            y = orig_img.size().height;
        else if (y < 0)
            y = 0;
        p2 = Point(x, y); // 최종 점 설정
        p2set = true;
        orig_img.copyTo(tmp_img); // 원 영상을 임시 영상에 복사
        rectangle(tmp_img, p1, p2, Scalar(0, 0, 255));
        imshow(IN_WIN, tmp_img); // 사각형이 있는 임시 영상 그리기
    } else if (event == EVENT_LBUTTONUP && p2set) {
        Mat submat = orig_img(Rect(p1, p2)); // 영역 설정
        submat.convertTo(submat, -1, 2.0); // 명암대비 계산
        rectangle(orig_img, p1, p2, Scalar(0, 0, 255));
        imshow(IN_WIN, orig_img); // 영상을 보여주기
    }
    return;
}
```

콜백 함수는 지역변수를 static으로 선언한다. 따라서 호출 간의 이런 변수
값을 유지한다. 변수 p1과 p2는 사각형 관심 영역을 정의하는 점을 저장하고,
p2set은 점 p2를 설정했는지 나타내는 불리언bool 값을 담는다. p2set이 true
이면 새로운 선택된 영역이 그려질 수 있고, 그 영역의 새로운 값이 계산된다.

마우스 콜백 함수는 다음과 같은 이벤트를 처리한다.

- EVENT_LBUTTONDOWN: 이 버튼 이벤트는 '왼쪽 버튼을 누른다'라고 부르기도 하며, 초기 위치(p1)를 이벤트가 발생한 곳인 Point(x, y)로 설정한다. 또한 p2set 변수를 false로 설정하다

- EVENT_MOUSE && EVENT_FLAG_LBUTTON: 왼쪽 버튼을 누른 채 마우스를 이동한다. 먼저 최종 점이 창 밖에 있을 경우에 한해 좌표를 보정하고 오류를 피할 수 있도록 경계를 확인해야 한다. 그런 후에 임시 p2 점을 마우스의 최종 위치로 설정하고, p2set을 true로 설정한다. 마지막에는 사각형이 그려진 임시 영상을 창에 나타낸다.

- EVENT_LBUTTONUP: 이 버튼 이벤트는 '왼쪽 버튼을 뗀다'라고 부르기도 하며, p2set이 true일 때만 유효하다. 최종 영역이 선택되고 나면, 차후 계산을 위해 원 영상의 부배열로 지정할 수 있다. 그 후 원 영상에서 최종 영역의 사각형 주변이 그려지고, 결과가 애플리케이션 창에 보여진다.

이어서 코드를 자세히 살펴보자.

- Size Mat::size() const: 행렬 크기(Size(cols, rows))를 반환한다. 이 함수는 다음과 같이 영상(orig_img)의 경계를 얻기 위해 사용된다.

```
if (x > orig_img.size().width) // 경계 확인
    x = orig_img.size().width;
else if (x < 0)
    x = 0;
if (y > orig_img.size().height) // 경계 확인
    y = orig_img.size().height;
```

Mat::size()는 Size 객체를 반환하기 때문에, 영상에서 x와 y의 가장 큰 값을 얻어 마우스 이벤트가 일어난 곳의 좌2표와 비교하기 위해 이 객체의 변수인 width와 height에 접근할 수 있다.

● void Mat::copyTo(OutputArray m) const: 이 메소드는 행렬을 다른 행렬로 복사하고, 필요하면 새로운 크기와 타입을 재할당한다. 복사하기 전에 다음 메소드를 호출한다.

```
m.create(this->size(), this->type());
```

예제에서 원 영상의 임시 복사본을 만들 때 다음 메소드를 쓴다.

```
orig_img.copyTo(tmp_img); // 원 영상을 임시 영상에 복사
```

선택된 영역을 정의한 사각형이 이 임시 영상 위에 그려진다.

● void rectangle(Mat& img, Point pt1, Point pt2, const Scalar& color, int thickness=1, int lineType=8, int shift=0): 이 함수는 지정한 color, thickness, lineType과 함께 점 pt1과 pt2로 정의된 사각형을 영상 위에 그린다. 코드 예제에서 이 함수를 두 번 사용했다. 먼저 빨간(Scalar(0, 0, 255)) 사각형을 임시 영상의 선택된 영역 주변에 그린 후, 원 영상(orig_img)에서 최종 선택된 영역의 경계를 그린다.

```
rectangle(tmp_img, p1, p2, Scalar(0, 0 ,255));
//...
rectangle(orig_img, p1, p2, Scalar(0, 0, 255));
```

● Mat::Mat(const Mat& m, const Rect& roi): 이 생성자는 m에 저장된 영상의 관심 영역을 표현하는 사각형(roi)으로 제한된 m의 부행렬을 취한다. 코드 예제에서 전체 명암대비가 변환돼야 하는 사각형을 얻기 위해 이 생성자를 적용한다.

```
Mat submat = orig_img(Rect(p1, p2)); // 원 영상에 부배열 설정
```

Qt 기반 함수 사용

highgui는 대부분의 목적에 충분하지만, OpenCV에서 더 풍부한 사용자 인터페이스를 개발하기 위해 Qt UI 프레임워크(http://qt-project.org/에서 다운로

드할 수 있음)를 활용할 수 있다. 다수의 OpenCV 사용자 인터페이스 함수는 뒷 단에서 Qt 라이브러리를 사용한다. 이런 함수를 사용하기 위해 OpenCV를 WITH_QT 옵션으로 컴파일해야 한다.

Qt는 클래스이고 위젯 라이브러리이며, 풍부한 이벤트 주도 사용자 인터페이스로 완전한 애플리케이션을 생성할 수 있음에 주목하자. 다만 이번 절에서는 OpenCV 내부의 특정 Qt 기반 함수에 주로 초점을 맞춘다. Qt를 이용한 프로그래밍은 이 책의 범위를 벗어난다.

Qt를 지원할 경우 namedWindow 함수로 생성한 창은 자동으로 다음 그림과 같이 나타난다. 창에 이동, 확대/축소, 영상 저장 같은 유용한 함수가 있는 툴바가 있다. 또한 창은 하단에 현재 마우스 위치와 화소의 RGB 값을 보여주는 상태 바를 표시한다. 영상에서 오른쪽 버튼으로 클릭하면 동일한 툴바 옵션이 있는 팝업 메뉴를 띄운다.

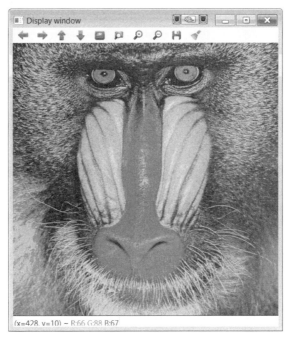

▲ Qt 지원이 활성화된 창

텍스트 오버레이와 상태 바

영상의 상단을 지나는 선에 텍스트를 표시할 수 있다. 텍스트는 초당 프레임, 검출 개수, 파일 명 등을 보여줄 때 매우 유용하다. 주 함수는 displayOverlay (const string& winname, const string& text, int delayms=0)이다. 이 함수는 윈도우 식별자와 표시할 텍스트를 받는다. 텍스트 문자열에서 \n 문자를 사용해 여러 선으로 만들 수 있다. 고정된 크기를 갖는 텍스트를 가운데에 표시한다. delayms 파라미터는 지정한 밀리초 동안만 텍스트를 표시하도록 허용한다(0=영구).

사용자가 상태 바에 텍스트를 표시할 수도 있다. 이 텍스트를 기본 x와 y 좌표, 현재 화소의 RGB 값과 바꾼다. displayStatusBar(const string& winname, const string& text, int delayms=0) 함수는 앞 displayOverlay 함수와 동일하다. 지연 시간을 넘기면 기본 상태 바 텍스트를 표시한다.

속성 대화상자

OpenCV의 Qt 기반 함수가 가진 가장 유용한 기능 중 하나는 속성 대화상자 창이다. 이 창은 트랙바와 버튼 배치에 사용될 수 있다. 다시 말하자면 속성 대화상자 창은 애플리케이션에 대한 파라미터를 세부 조정하는 동안에는 쓸모가 있다. 툴바의 마지막 버튼이나 Ctrl + P를 눌러 속성 대화상자 창에 접근할 수 있다(앞 그림에 보여준 것처럼). 트랙바나 버튼을 창에 할당했을 때만 이 창에 접근할 수 있다. 속성 대화상자를 트랙바에 붙이려면 간단하게 창 이름처럼 빈 문자열(NULL이 아님)을 createTrackbar 함수에 넘겨 사용한다.

속성 대화상자에 버튼을 추가할 수도 있다. 원래 창과 대화상자 창에 모두 동시에 나타날 수 있으므로 애플리케이션에서 활성화/비활성화 기능과 결과를 즉시 볼 때 유용할 수 있다. 버튼을 속성 대화상자에 붙이려면 createButton(const string& button_name, ButtonCallback on_change, void* userdata=NULL,inttype=CV_PUSH_BUTTON, bool initial_button_state=0) 함수를 사용한다. 첫 번째 파라미터는 버튼 레이블(즉, 버튼에 표시되는 텍스트)이다. 매번 버튼이 자체 상태를 변경할 때마다 on_chane 콜백 함수를 호출한다. 이 콜백 함수는 void on_change(intstate, void *userdata) 형태여야 한다. createButton에 전달된 사용자 데이터 포인터는 호출될 때마다 콜백 함수에 넘겨진다. 상태 파라미터는 버튼 변경을 암시하며, 파라미터 타입으로 주어진 버튼의 각 타입에 대한 다른 값을 갖는다.

- CV_PUSH_BUTTON: 버튼 누름

- CV_CHECKBOX: 체크박스 버튼, 상태는 1이나 0 가운데 하나가 됨

- CV_RADIOBOX: 라디오박스 버튼, 상태는 1이나 0 가운데 하나가 됨

첫 두 타입인 경우 눌렀을 때만 콜백을 호출한다. 라디오박스 버튼인 경우 버튼을 클릭했거나 버튼을 클릭하지 않은 채로 두었을 때에 모두 호출한다.

버튼은 버튼 바에 편성된다. 버튼 바는 대화상자 창에서 한 줄을 차지한다. 각 새로운 버튼은 마지막 버튼의 오른쪽에 추가된다. 트랙바는 전체 줄을 차지한다. 따라서 트랙바가 추가될 때 버튼 바는 종료된다. 다음 propertyDlgButtons 예제는 속성 대화상자에 버튼과 트랙바를 배치하는 방법을 보여준다.

```
#include "opencv2/core/core.hpp"
#include "opencv2/highgui/highgui.hpp"
#include <iostream>

using namespace std;
using namespace cv;

Mat image;
const char win[]="Flip image";

void on_flipV(int state, void *p)
```

```
{
    flip(image, image, 0); // 수직으로 뒤집기
    imshow(win, image);
}

void on_flipH(int state, void *p)
{
    flip(image, image, 1); // 수평으로 뒤집기
    imshow(win, image);
}

void on_negative(int state, void *p)
{
    bitwise_not(image, image); // 모든 채널을 반전
    imshow(win, image);
}

int main(int argc, char *argv[])
{
    if (argc != 2) { // 인자 확인
        cout << "Usage: <cmd><file_in>\n";
        return -1;
    }
    image = imread(argv[1]);
    if (image.empty()) {
        cout << "Error! Input image cannot be read...\n";
        return -1;
    }

    namedWindow(win);
    imshow(win, image);
    displayOverlay(win, argv[1], 0);
    createButton("Flip Vertical", on_flipV, NULL, CV_PUSH_BUTTON);
    createButton("Flip Horizontal", on_flipH, NULL, CV_PUSH_BUTTON);
    int v=0;
    createTrackbar("trackbar1", "", &v, 255);
```

```
        createButton("Negative", on_negative, NULL, CV_CHECKBOX);
        cout << "Press any key to exit...\n";
        waitKey();
        return 0;
    }
```

이 코드는 1장에서 살펴본 flipImage 예제와 비슷하다. 이번 예제에서 파일 명을 인자로 넘겨받는다. 수직과 수평 뒤집기에 대한 두 개의 버튼, 더미 트랙바, 컬러 명도를 반전하는 체크박스가 있는 속성 창을 생성한다. 콜백 함수인 on_flipV와 on_flipV는 단순히 현재 영상을 뒤집은 후 결과를 보여주는 반면에, 콜백 함수인 on_negative는 논리적으로 컬러 명도를 반전한 후 결과를 보여준다. 트랙바는 실제로 사용되지 않으며, 개행line feed 효과를 보여주는 데 쓰인다는 점에 유의하자. 다음 그림은 결과를 보여준다.

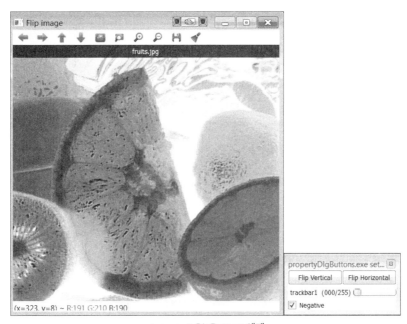

▲ propertyDlgButtons 예제

창 속성

앞서 언급했듯이 기본적으로 모든 새로운 창은 'Qt 기반 함수 사용' 절의 그림에서 보여준 것처럼 나타난다. 여전히 `CV_GUI_NORMAL` 옵션을 `namedWindow`에 전달함으로써 비 Qt 형식인 창을 띄울 수 있다. 다른 한편으로는 `double getWindowProperty(const string& winname, int prop_id)`와 `setWindowProperty(const string& winname, int prop_id,double prop_value)` 함수를 사용해 창 크기 파라미터를 가져오고 설정할 수 있다. 다음 도표는 변경할 수 있는 속성을 보여준다.

속성(prop_id)	설명	가능한 값
CV_WND_PROP_FULLSCREEN	전체 화면이나 일반 창으로 띄움	CV_WINDOW_NORMAL 또는 CV_WINDOW_FULLSCREEN
CV_WND_PROP_AUTOSIZE	창을 표시된 영상에 맞게 자동으로 크기 조정	CV_WINDOW_NORMAL 또는 CV_WINDOW_AUTOSIZE
CV_WND_PROP_ASPECTRATIO	임의 비율이나 고정된 원 비율로 창의 크기를 조정할지 허용	CV_WINDOW_FREERATIO 또는 CV_WINDOW_KEEPRATIO

더 중요한 점은 창 속성을 저장할 수 있다는 것이다. 크기와 위치뿐만 아니라 플래그, 트랙바 값, 확대, 이동 위치까지 포함한다. 창 속성을 저장하고 불러오려면 `saveWindowParameters(const string& windowName)`과 `loadWindowParameters(const string& windowName)` 함수를 사용한다.

Qt 영상

프로젝트에서 Qt 라이브러리를 확장해 사용하고 싶다면(즉, OpenCV의 Qt 기반 함수), OpenCV 영상을 Qt가 사용하는 포맷(`QImage`)으로 변환하는 방법을 찾아야 한다. 다음 함수를 사용해 변환할 수 있다.

```
QImage* Mat2Qt(const Mat &image)
{
    Mat temp = image.clone();
    cvtColor(image, temp, CV_BGR2RGB);
    QImage *imgQt = new QImage((const unsignedchar*)(temp.data),
                               temp.cols,
                               temp.rows,
                               QImage::Format_RGB888);
    return imgQt;
}
```

이 함수는 OpenCV의 영상 데이터를 이용해 Qt 영상을 생성한다. 여기서 변환을 먼저 해야 함에 유의하자. Qt는 RGB 영상인 반면에 OpenCV는 BGR 순서를 사용하기 때문이다.

마지막으로 Qt로 영상을 표시하기 위해서는 적어도 두 가지 선택사항이 있다.

- QWidget 클래스를 상속한 클래스를 생성한 후, 그리기 이벤트 구현
- 레이블을 생성한 후, 영상을 그리기 위해 레이블 설정(setPixMap 메소드 사용)

요약

2장에서는 사용자 경험을 풍부하게 해주는 highgui 모듈 기능에 대한 깊은 관점을 제공했다. 그래픽 사용자 인터페이스를 구축하기 위해 OpenCV가 제공하는 주된 요소를 몇몇 코드 예제를 통해 살펴봤다. 더욱이 OpenCV 안의 새로운 Qt 기능도 검토했다.

2장의 예제는 tbarContrast, tbarContrastCallB, drawThings, drawRs, propertyDlgButtons 같은 주제를 다뤘다.

3장에서는 밝기 조절, 명암대비, 컬러 변환, 레티나 필터링, 기하학적 변환처럼 영상처리에 사용하는 가장 일반적인 방법의 구현을 다룬다.

3
영상처리

영상처리는 컴퓨터가 신호처리 방법을 적용해 2차원 데이터(그림)를 디지털로 처리하는 과정과 관계가 있다. 영상처리는 영상 표현, 영상 개선이나 선명화, 필터링에 의한 영상 복원, 기하학적 보정처럼 적용 범위가 광범위하다. 컴퓨터 비전 시스템에서 이런 적용은 일반적으로 다음 관문으로 진입하는 첫 관문이다. OpenCV에는 영상처리를 위한 특별한 모듈인 imgproc가 있다. 3장에서는 OpenCV 라이브러리에서 활용할 수 있는 가장 중요하고 자주 사용하는 방법인 화소 수준 접근, 히스토그램 조작, 영상 평활화, 밝기와 명암대비 모델링, 컬러 공간, 필터링, 산술 변환과 기하학적 변환을 다룬다.

화소 수준 접근과 범용 연산

영상처리에서 가장 기초적인 연산 중 하나는 화소 수준pixel-level 접근이다. at<> 템플릿 함수를 사용하는 일반 접근 형태인 Mat 행렬 타입에 영상을 포함한다. Mat 행렬을 사용하려면 행렬 셀의 타입을 지정해야 하며 예를 들면 다음과 같다.

```
Mat src1 = imread("stuff.jpg", CV_LOAD_IMAGE_GRAYSCALE);
uchar pixel1=src1.at<uchar>(0,0);
cout << "First pixel: " << (unsigned int)pixel1 << endl;
Mat src2 = imread("stuff.jpg", CV_LOAD_IMAGE_COLOR);
Vec3b pixel2 = src2.at<Vec3b>(0,0);
cout << "First pixel (B):" << (unsigned int)pixel2[0] << endl;
cout << "First pixel (G):" << (unsigned int)pixel2[1] << endl;
cout << "First pixel (R):" << (unsigned int)pixel2[2] << endl;
```

컬러 영상은 3개의 부호 없는 문자 배열인 Vec3b 타입을 사용함을 눈여겨보자. 네 번째 알파(투명도) 채널이 있는 영상인 경우 Vec4b 타입을 사용해 접근할 수 있다. Scalar 타입은 요소가 1개부터 4개까지의 벡터를 표현하며, 이런 모든 경우에도 사용될 수 있다. 또한 화소 값을 변경(즉, 할당의 왼쪽에)하기 위해 at<>를 사용함에 주목하자.

화소 접근 외에 해당하는 작은 정보를 알아야 하는 범용 연산은 여러 가지다. 다음 표는 이런 범용 연산을 보여준다.

연산	코드 예제

행렬 크기 얻기	`Size siz = src.size();`
	`cout << "width: " << siz.width << endl;`
	`cout << "height: " << siz.height << endl;`

채널 개수 얻기	`int nc = src.channels();`
화소 데이터 타입 얻기	`int d = src.depth();`

연산	코드 예제

행렬 값 설정	`src.setTo(0); // 1채널 src`
	또는
	`src.setTo(Scalar(b,g,r)); // 3채널 src`

행렬 복사본 생성	`Mat dst = src.clone();`
행렬 복사본 생성(부가 마스크와 함께)	`src.copy(dst, mask);`
부행렬 참조	`Mat dst = src(Range(r1,r2),Range(c1,c2));`
부행렬로부터 새로운 행렬 생성 (즉, 영상 잘라내기)	`Rect roi(r1,c2, width, height);` `Mat dst = src(roi).clone();`

마지막 두 칸 사이의 차이점으로, 마지막 칸에서만 새로운 행렬을 생성한다는 점에 주목하자. 끝에서 두 번째 칸인 경우 `src` 안의 부행렬에 대한 참조만 생성하지만, 실제로 데이터를 복사하지 않는다.

 부가적인 반복자 기반 화소 접근 방법을 포함한 가장 공통적인 연산은 http://docs.opencv.org/trunk/opencv_cheatsheet.pdf에서 다운로드할 수 있는 OpenCV 2.4 치트 시트에 요약돼 있다.

영상 히스토그램

영상 히스토그램은 영상의 다양한 그레이레벨이나 컬러의 발생 빈도를 표현하며, 각각 2D와 3D 히스토그램인 경우다. 따라서 히스토그램은 영상에 존재하는 그레이레벨, 즉 서로 다른 화소 값의 확률 밀도 함수와 비슷하다. OpenCV에서 `void calcHist(const Mat* images, int nimages, const int* channels, InputArray mask, OutputArray hist, int dims, const int* histSize, const float** ranges, bool uniform=true, bool` accumulate=false) 함수로 영상 히스토그램을 계산할 수도 있다. 첫 번째 파라미터는 입력 영상에 대한 포인터다. 하나 이상의 입력 영상에 대한 히스토그램을 계산할 수 있으며, 영상 히스토그램 비교와 여러 영상의 공동 히스토그램 계산이 가능해진다. 두 번째 파라미터는 원시 영상의 개수다. 세 번째 파라미터는 히스토그램 비교에 사용되는 채널 목록이며, 같은 컬러 영상에서 채널 하나 이상의 히스토그램을 계산하는 것이 가능하다. 따라서 이 경우에는 nimages 값이 1이 되고, const int* channels 파라미터는 채널 개수 목록이 들어 있는 배열이 된다.

채널 개수는 0부터 2까지다. InputArray mask는 히스토그램에서 계산된 배열 요소(영상 화소)를 나타내는 부가적인 마스크다. 다섯 번째 파라미터는 결과 히스토그램이다. 파라미터 int dims는 히스토그램 차원이며, 양수이되 32보다 크지 않아야 한다(CV_MAX_DIMS). 히스토그램은 영상의 화소 값 양자화에 사용되는 빈도 개수에 따른 n-차원이 될 수 있다. 파라미터 const int *는 각 차원의 히스토그램 크기 배열이며, 비균등 양자화non-uniform binning(혹은 정량화 quantification)로 히스토그램 계산이 가능해진다. 마지막 두 파라미터는 불리언 값이며 기본적으로 각각 true와 false다. 이것은 히스토그램이 균등하며 누적되지 않음을 나타낸다.

다음 ImgHisto 예제는 2D 영상의 1차원 히스토그램을 계산하고 표시하는 방법을 보여준다.

```
#include "opencv2/imgproc/imgproc.hpp" // 전용 인클루드 파일
#include "opencv2/highgui/highgui.hpp"
#include <iostream>

using namespace cv;
using namespace std;

int main( int argc, char *argv[])
{
    int histSize = 255;
```

```
    long int dim;
    Mat hist, image;

    // 원 영상을 읽기
    Mat src = imread( "fruits.jpg");

    // 컬러 영상을 그레이레벨 영상으로 변환
    cvtColor(src, image, CV_RGB2GRAY);

    // 3개의 창 생성
    namedWindow("Source", 0);
    namedWindow("Gray Level Image", 0);
    namedWindow("Histogram", WINDOW_AUTOSIZE);

    imshow("Source", src);
    imshow("Gray Level Image", image);

    calcHist(&image, 1, 0, Mat(), hist, 1, &histSize, 0);

    dim = image.rows *image.cols;
    Mat histImage = Mat::ones(255, 255, CV_8U)*255;

    normalize(hist, hist, 0, histImage.rows, CV_MINMAX, CV_32F);

    histImage = Scalar::all(255);
    int binW = cvRound((double)histImage.cols/histSize);

    for( int i = 0; i < histSize; i++ )
        rectangle( histImage, Point(i*binW, histImage.rows),
            Point((i+1)*binW, histImage.rows -
                cvRound(hist.at<float>(i))), Scalar::all(0), -1, 8, 0
                    );
    imshow("Histogram", histImage);

    cout << "Press any key to exit...\n";
    waitKey(); // 키 누름을 기다림
    return 0;
}
```

여기에 코드를 설명한다. 예제는 원시 영상, 그레이스케일 영상, 1D 히스토그램의 결과가 있는 3개의 창을 생성한다. 1D 히스토그램은 255 그레이 값에 대한 막대 그래프로 나타난다. 그런 이유로 먼저 cvtColor 함수를 사용해 컬러 화소를 그레이 값으로 변환한 후, normalize 함수를 사용해 0부터 최대 그레이레벨 값 사이로 정규화한다. 그러면 컬러를 빈 개수로 이산화한 후 각 빈의 영상 화소 개수를 셈으로써 1D 히스토그램을 계산한다. 다음 그림은 예제의 결과를 보여준다. 영상처리 전용인 새로운 인클루드 파일인 imgproc.hpp가 필요함에 유의하자.

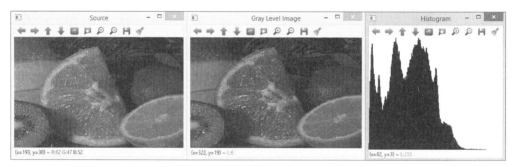

▲ 히스토그램 예제 결과

히스토그램 평활화

일단 히스토그램을 계산한 후에는 영상이 변경되도록 만들 수 있으며, 히스토그램은 다른 모양을 갖는다. 좁은 히스토그램을 갖는 낮은 명암대비 수준을 바꿀 때 유용한데, 그레이레벨을 펼치기 때문에 명암대비를 개선한다. 히스토그램 이동으로 알려진 히스토그램 모델링은 영상 개선의 강력한 기술이다. 히스토그램 평활화의 목표는 균등한 히스토그램을 갖는 결과 영상을 얻는 데 있다. 즉, 평탄한 히스토그램은 각 화소 값이 동일한 확률을 갖는다. OpenCV에서 void equalizeHist(InputArray src, OutputArray dst) 함수로 히스토그

램 평활화를 수행한다. 첫 번째 파라미터는 입력 영상이고, 두 번째 파라미터
는 히스토그램이 평활화된 결과 영상이다.

다음 EqualizeHist_Demo 예제는 계산하는 방법과 평활화된 히스토그램, 영
향을 받은 2차원 영상을 보여준다.

```cpp
#include "opencv2/highgui/highgui.hpp"
#include "opencv2/imgproc/imgproc.hpp"
#include <iostream>
#include <stdio.h>

using namespace cv;
using namespace std;

int main( int, char *argv[] )
{
    Mat src, image, hist;
    int histSize = 255;
    long int dim;

    // 원 영상 읽기
    src = imread( "fruits.jpg");

    // 그레이스케일로 변환
    cvtColor( src, src, COLOR_BGR2GRAY );

    // 히스토그램 평활화 적용
    equalizeHist( src, image );

    // 결과 표시
    namedWindow("Source image", 0 );
    namedWindow("Equalized Image", 0 );
    imshow( "Source image", src );
    imshow( "Equalized Image", image );

    // 평활화된 히스토그램 계산과 표시
    calcHist(&image, 1, 0, Mat(), hist, 1, &histSize, 0);
```

```
dim=image.rows *image.cols;
Mat histImage = Mat::ones(255, 255, CV_8U)*255;
normalize(hist, hist, 0, histImage.rows, CV_MINMAX, CV_32F);
histImage = Scalar::all(255);
int binW = cvRound((double)histImage.cols/histSize);

for( int i = 0; i < histSize; i++ )
    rectangle( histImage, Point(i*binW, histImage.rows),
        Point((i+1)*binW, histImage.rows -
            cvRound(hist.at<float>(i))), Scalar::all(0), -1,
8, 0 );

namedWindow("Histogram Equalized Image", WINDOW_AUTOSIZE);
imshow("Histogram Equalized Image", histImage);
waitKey();// 프로그램 종료
return 0;
}
```

코드를 다음과 같이 설명한다. 예제에서 먼저 원 영상을 읽은 후 그레이스케일로 변환한다. 그러면 equalizeHist 함수를 이용해 히스토그램 평활화를 수행한다. 마지막으로 평활화된 영상의 히스토그램을 두 이전 영상과 함께 보여준다. 다음 그림은 예제의 결과인 그레이스케일 영상, 평활화된 영상, 평활화된 영상의 히스토그램으로 만들어진 3개의 창을 보여준다.

▲ 히스토그램 평활화 예제 결과

밝기와 명암대비 모델링

객체의 밝기는 인지된 휘도luminance 또는 명도intensity이며, 환경의 휘도에 따라 달라진다. 서로 다른 환경의 두 객체는 동일한 휘도를 갖지만 밝기가 다를 수 있다. 그 이유는 인간의 시각 인지는 절대 휘도보다 휘도 명암대비에 민감하기 때문이다. 명암대비는 휘도나 컬러 모두의 차이 아니면 어느 한 쪽의 차이에서 생기며, 동일한 시야에서 다른 객체와 비교해 객체를 구분해준다. 영상의 최대 명암대비는 명암대비 비율이나 동적 범위로 알려진다.

점별 연산point-wise operation으로 영상의 밝기와 명암대비를 변경할 수 있다. 점 연산은 주어진 그레이 화소 값을 이전에 정의된 변환에 따라 다른 그레이 레벨로 사상한다. OpenCV에서 `void Mat::convertTo(OutputArray m, int rtype, double alpha=1, double beta=0)` 함수로 점 연산을 수행할 수도 있다. `convertTo` 함수는 영상 배열을 선택적인 스케일링을 이용해 다른 데이터 타입으로 변환한다. 첫 번째 파라미터는 결과 영상이고, 두 번째 파라미터는 결과 행렬 타입, 즉 깊이다. 채널 개수가 입력 영상과 동일하므로, 결국 원시 화소 값인 `I(x,y)`는 새로운 값 `(I*(x,y) * alpha + beta)`를 갖는 대상 화소 타입으로 변환한다.

다음 `BrightnessContrast` 예제는 밝기와 명암대비를 변경하기 위해 영상 화소(점) 연산을 수행하는 방법을 보여준다.

```
#include "opencv2/imgproc/imgproc.hpp"
#include "opencv2/highgui/highgui.hpp"
#include <iostream>

using namespace cv;
using namespace std;

int init_brightness = 100;
int init_contrast = 100;
```

```
Mat image;

/* 영상을 돋보이게 하는 밝기와 명암대비 함수 */
void updateBrightnessContrast(int, void* )
{
    int histSize = 255;
    int var_brightness = init_brightness - 100;
    int var_contrast = init_contrast - 100;

    double a, b;
    if( var_contrast > 0 )
    {
        double delta = 127.*var_contrast/100;
        a = 255./(255. - delta*2);
        b = a*(var_brightness - delta);
    }
    else
    {
        double delta = -128.*var_contrast/100;
        a = (256.-delta*2)/255.;
        b = a*var_brightness + delta;
    }

    Mat dst, hist;

    image.convertTo(dst, CV_8U, a, b);

    imshow("image", dst);

    calcHist(&dst, 1, 0, Mat(), hist, 1, &histSize, 0);

    Mat histImage = Mat::ones(200, 320, CV_8U)*255;

    normalize(hist, hist, 0, histImage.rows, CV_MINMAX, CV_32F);

    histImage = Scalar::all(255);
    int binW = cvRound((double)histImage.cols/histSize);
```

```
        for( int i = 0; i < histSize; i++ )
            rectangle( histImage, Point(i*binW, histImage.rows),
                Point((i+1)*binW, histImage.rows -
                    cvRound(hist.at<float>(i))), Scalar::all(0), -1,
                    8, 0 );
        imshow("histogram", histImage);
    }


const char* keys = {
    "{1| |fruits.jpg|input image file}"
};



int main( int argc, const char** argv )
{
    CommandLineParser parser(argc, argv, keys);
    string inputImage = parser.get<string>("1");

    // 입력 영상 읽기
    image = imread( inputImage, 0 );
    namedWindow("image", 0);
    namedWindow("histogram", 0);

    createTrackbar("brightness", "image", &init_brightness ,
        200, updateBrightnessContrast);
    createTrackbar("contrast", "image", &init_contrast, 200,
        updateBrightnessContrast);

    updateBrightnessContrast(0, 0);
    waitKey();
    return 0;
}
```

여기서 코드를 설명한다. 예제는 그레이스케일 영상과 그레이스케일 영상
의 히스토그램이 있는 두 개의 창을 생성한다. 사용자는 createTrackbar 함
수를 이용해 새로운 밝기 값과 명암대비 값을 선택한다. 이 함수는 밝기와 명

암대비에 대한 두 슬라이더 또는 범위 컨트롤을 영상에 붙인다. 다음 그림은 `BrightnessContrast` 예제에서 밝기 값을 148로 하고 명암대비 값을 81로 선택한 결과를 보여준다.

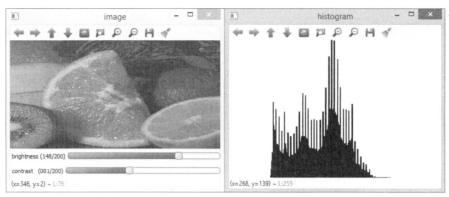

▲ 밝기와 명암대비로 영상을 변경한 결과

히스토그램 정합과 LUT

영상의 컬러 변경에 히스토그램을 사용할 수도 있다. 히스토그램 정합histogram matching은 두 컬러 영상 간의 컬러를 조정하는 방법이다. 참조 영상과 대상 영상이 주어지면 결과(목적 영상)는 결과의 (3개) 히스토그램이 참조 영상의 (3개) 히스토그램과 비슷해진다는 점만 제외하고는 대상 영상 히스토그램과 같아진다. 이 효과는 컬러 사상color mapping이나 컬러 이동color transfer으로 알려져 있다.

히스토그램 정합 알고리즘은 3개의 컬러 히스토그램과 별개로 수행한다. 각 채널마다 누적 분포 함수CDF, cumulative distribution function를 계산해야 한다. 주어진 채널에 대해 `Fr`이 참조 영상의 CDF이고, `Ft`는 대상 영상의 CDF라고 하자. 그러면 참조 영상의 각 화소 `v`에 대해 `Fr(v) = Ft(w)`를 만족하는 그레이레벨 `w`를 찾는다. 따라서 `v` 값을 갖는 화소는 `w`로 바뀐다.

다음은 히스토그램 정합이라고 부르는 다른 히스토그램 예제를 제공한다. 또한 이 예제는 룩업 테이블LUT, look-up table을 사용한다. 룩업 테이블 변환은 새로운 화소 값을 입력 영상의 각 화소에 할당한다(http://docs.opencv.org/doc/tutorials/core/how_to_scan_images/how_to_scan_images.html에 좋은 설명과 LUT 예제가 있다.). 룩업 테이블은 새로운 값을 제공한다. 따라서 룩업 테이블의 첫 번째 항목은 화소 값 0에 대한 새로운 값, 두 번째 항목은 화소 값 1에 대한 새로운 값 등을 제공한다. 원시 영상과 목적 영상을 사용한다고 가정한다면, 이 변환은 Dst(x,y) = LUT(Src(x,y))로 주어진다.

룩업 테이블을 수행하는 OpenCV 함수는 LUT(InputArray src, InputArray lut, OutputArray dst, int interpolation=0)이다. 파라미터 src는 8비트 영상이다. 256개의 요소를 갖는 룩업 테이블을 파라미터 lut로 제공한다. 룩업 테이블은 원시 영상처럼 한 채널 또는 동일한 채널 개수 중 하나다.

다음은 histMatching 예제다.

```
#include "opencv2/opencv.hpp"
#include <iostream>

using namespace std;
using namespace cv;

void histMatch(const Mat &reference, const Mat &target, Mat
    &result){
    float const HISTMATCH = 0.000001;
    double min, max;

    vector<Mat> ref_channels;
    split(reference, ref_channels);
    vector<Mat> tgt_channels;
    split(target, tgt_channels);

    int histSize = 256;
    float range[] = {0, 256};
```

```cpp
const float* histRange = { range };
bool uniform = true;

// 모든 채널(B, G, R) 대상
for ( int i=0 ; i<3 ; i++ )
{
    Mat ref_hist, tgt_hist;
    Mat ref_hist_accum, tgt_hist_accum;

    // 히스토그램 계산
    calcHist(&ref_channels[i], 1, 0, Mat(), ref_hist, 1,
        &histSize, &histRange, uniform, false);
    calcHist(&tgt_channels[i], 1, 0, Mat(), tgt_hist, 1,
        &histSize, &histRange, uniform, false);

    // 히스토그램 정규화
    minMaxLoc(ref_hist, &min, &max);
    if (max==0) continue;
    ref_hist = ref_hist / max;
    minMaxLoc(tgt_hist, &min, &max);
    if (max==0) continue;
    tgt_hist = tgt_hist / max;

    // 누적 히스토그램 계산
    ref_hist.copyTo(ref_hist_accum);
    tgt_hist.copyTo(tgt_hist_accum);

    float * src_cdf_data = ref_hist_accum.ptr<float>();
    float * dst_cdf_data = tgt_hist_accum.ptr<float>();

    for ( int j=1 ; j < 256 ; j++ )
    {
        src_cdf_data[j] = src_cdf_data[j] + src_cdf_data[j-1];
        dst_cdf_data[j] = dst_cdf_data[j] + dst_cdf_data[j-1];
    }

    // 누적 히스토그램 정규화
```

```
        minMaxLoc(ref_hist_accum, &min, &max);
        ref_hist_accum = ref_hist_accum / max;
        minMaxLoc(tgt_hist_accum, &min, &max);
        tgt_hist_accum = tgt_hist_accum / max;

        // 최대값 결과
        Mat Mv(1, 256, CV_8UC1);
        uchar * M = Mv.ptr<uchar>();
        uchar last = 0;
        for ( int j=0 ; j < tgt_hist_accum.rows ; j++ )
        {
            float F1 = dst_cdf_data[j];

            for ( uchar k=last ; k < ref_hist_accum.rows ; k++ )
            {
                float F2 = src_cdf_data[k];
                if ( std::abs(F2 - F1) < HISTMATCH || F2 > F1 )
                {
                    M[j] = k;
                    last = k;
                    break;
                }
            }
        }
        Mat lut(1, 256, CV_8UC1, M);
        LUT(tgt_channels[i], lut, tgt_channels[i]);
    }

    // 3개의 채널을 결과 영상으로 병합
    merge(tgt_channels, result);
}


int main(int argc, char *argv[])
{
    // 원 영상을 읽고, 결과를 포함하는 영상 복제
    Mat ref = imread("baboon.jpg", CV_LOAD_IMAGE_COLOR );
    Mat tgt = imread("lena.jpg", CV_LOAD_IMAGE_COLOR );
```

```
        Mat dst = tgt.clone();

        // 3개의 창 생성
        namedWindow("Reference", WINDOW_AUTOSIZE);
        namedWindow("Target", WINDOW_AUTOSIZE);
        namedWindow("Result", WINDOW_AUTOSIZE);
        imshow("Reference", ref);
        imshow("Target", tgt);

        histMatch(ref, tgt, dst);
        imshow("Result", dst);

        // 화면에 창을 위치
        moveWindow("Reference", 0,0);
        moveWindow("Target", ref.cols,0);
        moveWindow("Result", ref.cols+tgt.cols,0);

        waitKey(); // 키 누름을 기다림
        return 0;
    }
```

여기서 코드를 설명한다. 예제에서 먼저 참조 영상과 대상 영상을 읽는다. 또한 결과 영상을 할당한다. 주 함수인 histMatch에서 참조 영상과 대상 영상을 먼저 3개의 컬러 채널로 분리한 후에, 모든 채널마다 참조 영상과 대상 영상의 정규화된 히스토그램과 각 CDF를 차례대로 얻는다. 그런 후에 히스토그램 정합 변환을 수행한다.

마지막으로 룩업 테이블을 사용해 새로운 값을 적용한다. 결과 영상에서 모든 화소를 순회해 이 변환을 적용할 수도 있음에 주목하자. 다만 룩업 테이블 옵션이 가장 빠르다. 다음 그림은 예제 결과를 보여준다. 참조 영상의 컬러 팔레트(baboon.jpg 영상)는 대상 영상으로 이동된다.

▲ histMatching 예제 결과

RGB를 다른 컬러 공간으로 변환

컬러 공간을 바꿔 영상의 컬러를 변경할 수도 있다. OpenCV에서 6개의 컬러 모델을 활용할 수 있으며, cvtColor 함수를 사용해 한 컬러 공간을 다른 컬러 공간으로 변환하는 것이 가능하다.

 OpenCV의 기본 컬러 포맷은 종종 RGB로 언급되지만, 실제로 BGR이다(채널이 역순임).

void cvtColor(InputArray src, OutputArray dst, int code, int dstCn=0) 함수는 첫 번째 파라미터와 두 번째 파라미터인 입력 영상과 결과 영상을 갖는 다. 세 번째 파라미터는 컬러 변환 코드이고, 마지막 파라미터는 결과 영상의 채널 개수다. 마지막 파라미터가 0이면 입력 영상으로부터 자동으로 채널 개수를 얻는다.

다음 color_channels 예제는 RGB를 HSV, Luv, Lab, YCrCb, XYZ 컬러 공간으로 변환하는 방법을 보여준다.

```cpp
#include "opencv2/highgui/highgui.hpp"
#include "opencv2/imgproc/imgproc.hpp"

using namespace cv;
using namespace std;

int main( ){
    Mat image, HSV, Luv, Lab, YCrCb, XYZ;

    // 영상 읽기
    image = imread("HappyFish.jpg", CV_LOAD_IMAGE_COLOR);

    // RGB 영상을 다른 컬러 공간으로 변환
    cvtColor(image, HSV, CV_RGB2HSV);
    cvtColor(image, Luv, CV_RGB2Luv);
    cvtColor(image, Lab, CV_RGB2Lab);
    cvtColor(image, YCrCb, CV_RGB2YCrCb);
    cvtColor(image, XYZ, CV_RGB2XYZ);

    // 창을 생성한 후 결과 표시
    namedWindow( "Source Image", 0 );
    namedWindow( "Result HSV Image", 0 );
    namedWindow( "Result Luv Image", 0 );
    namedWindow( "Result Lab Image", 0 );
    namedWindow( "Result YCrCb Image", 0 );
    namedWindow( "Result XYZ Image", 0 );

    imshow( "Source Image", image );
    imshow( "Result HSV Image", HSV );
    imshow( "Result Luv Image", Luv );
    imshow( "Result Lab Image", Lab);
    imshow( "Result YCrCb Image", YCrCb );
    imshow( "Result XYZ Image", XYZ );

    waitKey(); // 키 누름을 기다림
    return 0; // 프로그램 종료
}
```

여기서 코드를 설명한다. 예제에서 먼저 원 영상과 5개의 다른 컬러 모델로 변환한 후에 RGB인 원 영상과 결과를 표시한다. 다음 그림은 예제의 결과를 보여준다.

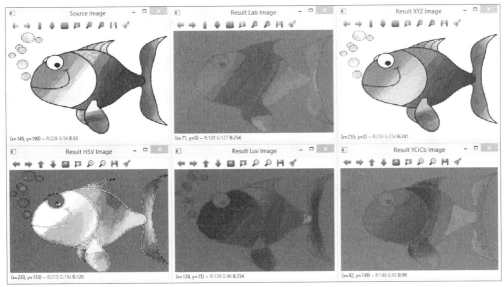

▲ 결과인 다른 컬러 공간

레티나 모델로 필터링

영상 복원은 열화 영향을 최소화하기 위해 디지털 영상을 필터링하는 것과 관계가 있다. 광학 또는 전자 장치로 영상을 취득하는 동안에 감지 환경이 열화를 만든다. 영상 필터링의 효과는 열화 과정에 관한 지식 수준과 정확도에 달려 있으며, 필터 설계에도 마찬가지다.

OpenCV에 공간 영역과 주파수 영역 둘 다 적용해 활용할 수 있는 여러 가지 등방성 필터isotropic filter와 비등방성 필터anisotropic filter가 있다. 가장 최신인 필터 중 하나는 인간 시각 시스템 모델에 기반을 두는 레티나 필터다. 두 주요 레티나 정보 채널인 중심 시야에 의한 소세포parvocellular(parvo)와 주변 시야에 의한 대세포magnocellular(magno)를 모델링하는 시공간적 필터링을 수행하는 Retina라는 이름의 클래스가 있다. parvo 채널은 세부사항 추출과 관련된 반면에 magno 채널은 움직임 분석 전용이다.

Retina 클래스는 정지 영상, 움직임 분석을 수행하기 위한 영상 시퀀스, 비디오 시퀀스에 적용할 수도 있다. 여기서 OpenCV가 제공하는 retinademo 알고리즘의 단순화 버전인 Filter_Retina.cpp를 제시하며, 신호대 잡음비와 입력 영상의 휘도 범위에 강인한 세부사항을 개선하는 질감 분석 수행에 사용되는 레티나 모델 사용법을 보여준다. 인간 레티나 모델의 주요 속성은 다음과 같다.

- 스펙트럼 백색화spectral whitening(중간 주파수의 세부사항 개선)
- 고주파수 시공간 잡음spatio-temporal 감소(시간적 잡음temporal noise과 고주파수 공간 잡음을 최소화)
- 저주파수 휘도 감소(휘도 범위 압축): 고휘도 영역은 더 어두운 영역의 세부사항을 숨길 수 없음
- 지역 대수 휘도 압축local logarithm luminance compression은 낮은 조명 조건에서도 세부사항 개선이 가능해짐

 더 자세한 정보를 보려면 http://dx.doi.org/10.1016/j.cviu.2010.01.011에 있는 다음 논문을 참고하자.

Using Human Visual System Modeling for bio-inspired low level image processing. Benoit A., Caplier A., Durette B., Herault J., Elsevier, Computer Vision and Image Understanding 114 (2010), pp. 758-773, DOI

다음은 예제 코드다.

```cpp
#include "opencv2/opencv.hpp"

using namespace cv;
using namespace std;

int main(int argc, char* argv[])
{
    // 입력 영상과 레티나 결과 버퍼 선언
    Mat src, retinaOutput_parvo, retinaOutput_magno;

    src = imread("starry_night.jpg", 1); // 영상을 RGB로 불러오기

    // 기본 파라미터 설정으로 레티나 인스턴스 생성
    Ptr< Retina> myRetina;

    // "고전적" 레티나 할당
    myRetina = new Retina(src.size());

    // 기본 파라미터 파일 저장
    myRetina->write("RetinaDefaultParameters.xml");

    // "setup" 메소드를 이용해 레티나 파라미터를 다시 불러올 수도 있음
    // 파일이 존재하면 파라미터를 불러오기 위해 주석 해제
    // myRetina->setup("RetinaSpecificParameters.xml");
    myRetina->clearBuffers();

    // 필터를 여러 번 반복해 수행할 수도 있음
    for( int iter = 1; iter < 6; iter++ ){
        // 레티나 필터 실행
        myRetina->run(src);

        // 탐색하고 레티나 결과 표시
        myRetina->getParvo(retinaOutput_parvo);
        myRetina->getMagno(retinaOutput_magno);

        // 창 생성과 결과 표시
```

```
        namedWindow("Source Image", 0 );
        namedWindow("Retina Parvo", 0 );
        namedWindow("Retina Magno", 0 );

        imshow("Source Image", src);
        imshow("Retina Parvo", retinaOutput_parvo);
        imshow("Retina Magno", retinaOutput_magno);
    }

    cout<<"Retina demo end"<< endl; // 프로그램 종료 메시지
    waitKey();
    return 0;
}
```

여기서 코드를 설명한다. 예제에서 먼저 입력 영상을 읽은 후 레티나 모델의 고전적인 파라미터를 이용해 영상의 레티나 모델을 얻는다. 다양한 파라미터로 레티나를 처리할 수 있으며, 기본적으로 레티나는 평균 휘도를 무효화하고 시각 장면의 모든 세부사항을 강조한다. 레티나 필터를 다섯 번 실행한 후에는 parvo 및 magno 영상과 세부사항이 나타난다. 다음 그림은 레티나 모델 필터를 다섯 번 반복한 후의 결과를 보여준다.

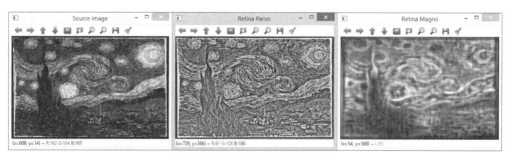

▲ 레티나 필터를 다섯 번 반복한 후의 결과

산술 변환과 기하학적 변환

산술 변환은 영상 화소 값을 변경하며 차례대로 적용된다. 반면에 기하학적 변환은 영상 화소의 위치를 변경한다. 따라서 영상의 점은 결과 영상의 명도 값을 바꾸지 않은 새로운 위치를 얻는다. 산술 변환의 예로는 영상 간의 더하기, 빼기, 나누기일 수 있다. 기하학적 변환의 예는 영상의 스케일링, 이동, 회전이다. 더 복잡한 변환은 광학 렌즈가 만들어낸 영상의 배럴 변형과 쿠션 변형을 해결한다.

OpenCV에는 산술 변환과 기하학적 변환을 수행하는 여러 가지 함수가 있다. 여기서 addWeighted와 warpPerspective 함수 각각에 의한 영상 덧셈과 투시 변환perspective transformation에 대한 두 예제를 보여준다.

산술 변환

addWeighted 함수는 두 영상의 선형 결합을 수행한다. 즉, 선형 혼합 linear blending을 수행하기 위해 가중치를 부여한 두 영상의 덧셈이다. void addWeighted(InputArray src1, double alpha, InputArray src2, double beta, double gamma, OutputArray dst, int dtype=-1) 함수는 가중치(두 번째와 네 번째 파라미터)를 부여할 두 입력 영상을 첫 번째 파라미터와 세 번째 파라미터로서 갖는다. 그러면 결과 영상은 여섯 번째 파라미터다. 다섯 번째 파라미터인 gamma는 각 합에 더할 스칼라다. 마지막 파라미터인 dtype은 선택사항이며 결과 영상의 깊이를 나타낸다. 이때 두 입력 영상이 동일한 깊이라면 -1로 설정할 수 있다.

다음 LinearBlend 예제는 두 영상 간의 선형 혼합을 수행하는 방법을 보여준다.

```cpp
#include "opencv2/highgui/highgui.hpp"

using namespace cv;
using namespace std;

int main()
{
    double alpha = 0.5, beta, input;
    Mat src1, src2, dst;

    // 영상 읽기(동일한 크기와 타입)
    src1 = imread("baboon.jpg");
    src2 = imread("lena.jpg");

    // 창 생성
    namedWindow("Final Linear Blend", CV_WINDOW_AUTOSIZE );

    // 선형 혼합을 위해 반복문을 101번 수행
    for(int k = 0; k <= 100; ++k ){
        alpha = (double)k/100;
        beta = 1 - alpha;

        addWeighted( src2, alpha, src1, beta, 0.0, dst );

        imshow( "Final Linear Blend", dst );
        cvWaitKey(50);
    }

    namedWindow("Original Image 1", CV_WINDOW_AUTOSIZE );
    namedWindow("Original Image 2", CV_WINDOW_AUTOSIZE );
    imshow( "Original Image 1", src1 );
    imshow( "Original Image 2", src2 );

    cvWaitKey(); // 키 누름을 기다림
    return 0; // 종료
}
```

여기서 코드를 설명한다. 예제에서 먼저 src1 = baboon.jpg와 src2 = lena. jpg인 두 영상을 읽은 후, 가중치 alpha와 beta의 다른 값으로 총 101번의 선형 결합을 수행한다. 첫 선형 결합 혹은 혼합은 alpha가 0인 경우이며 결국 src1 영상이다. 반복문에서 alpha의 값이 증가하는 반면에 beta의 값은 감소한다. 따라서 src2 영상이 src1 영상에 결합되어 겹쳐진다. 이것은 모핑 효과를 만들며, baboon.jpg 영상은 점진적으로 다른 영상, 즉 lena.jpg로 바뀐다. 다음 그림은 1, 10, 20, 30, 40, 50, 85, 100에서 다양한 선형 혼합 단계의 결과를 보여준다.

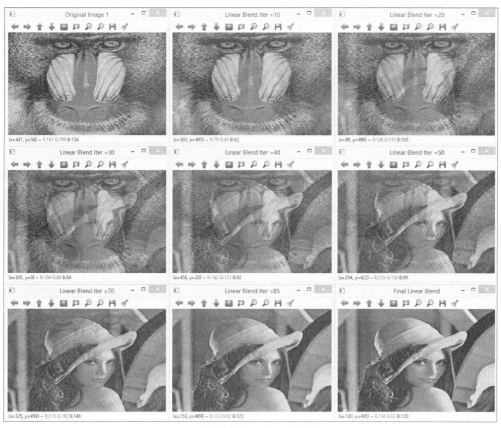

▲ 두 영상 간의 서로 다른 선형 결합 결과

기하학적 변환

void ocl::warpPerspective(const oclMat& src, oclMat& dst, const Mat& M, Size dsize, int flags=INTER_LINEAR) 함수는 영상에 투시 변환을 수행한다. 첫 번째 파라미터인 src는 입력 영상이나 원시 영상이고, 두 번째 파라미터인 dst는 결과 영상이나 목적 영상이다. 다음 세 번째 파라미터는 대응하는 4개 쌍으로 두 영상의 4점 위치로부터 투시 변환을 계산하는 getPerspectiveTransform 함수로부터 얻은 2×3 변환 행렬이다. warpPerspective의 네 번째 파라미터는 결과 영상의 크기이고, 마지막 파라미터는 보간interpolation 방법이다. 기본적으로 보간 방법은 선형 보간인 INTER_LINAEAR이며, 지원되는 다른 보간 방법은 최근접 이웃 보간인 INTER_NEAREST 와 큐빅 보간인 INTER_CUBIC이다.

다음 Geometrical_Transform 예제는 입력 영상인 img.jpg에 투시 변환을 수행한다.

 예제의 모든 세부사항을 보려면 https://opencv-code.com/tutorials/automatic-perspective-correction-forquadrilateral-objects/에 있는 'N. Amin, Automatic perspective correction for quadrilateral objects'를 참고하자.

```
#include "opencv2/highgui/highgui.hpp"
#include "opencv2/imgproc/imgproc.hpp"
#include <iostream>
#include <stdio.h>

using namespace cv;
using namespace std;

Point2f centerpoint(0,0);

Point2f computeIntersect(Vec4i a,Vec4i b){
    int x1 = a[0], y1 = a[1], x2 = a[2], y2 = a[3], x3 = b[0], y3
```

```
    = b[1], x4 = b[2], y4 = b[3];

if (float d = ((float)(x1 - x2) * (y3 - y4)) - ((y1 - y2) *
    (x3 - x4)))
{
    Point2f pnt;
    pnt.x = ((x1 * y2 - y1 * x2) * (x3 - x4) - (x1 - x2) * (x3
            * y4 - y3 * x4)) / d;
    pnt.y = ((x1 * y2 - y1 * x2) * (y3 - y4) - (y1 - y2) * (x3
            * y4 - y3 * x4)) / d;
    return pnt;
}
else
    return Point2f(-1, -1);
}


void sortCorners(vector<Point2f>& corner_points, Point2f centerpoint)
{
    vector<Point2f> top, bot;
    for (int i = 0; i < corner_points.size(); i++)
    {
        if (corner_points[i].y < centerpoint.y)
            top.push_back(corner_points[i]);
        else
            bot.push_back(corner_points[i]);
    }

    Point2f tl = top[0].x > top[1].x ? top[1] : top[0];
    Point2f tr = top[0].x > top[1].x ? top[0] : top[1];
    Point2f bl = bot[0].x > bot[1].x ? bot[1] : bot[0];
    Point2f br = bot[0].x > bot[1].x ? bot[0] : bot[1];

    corner_points.clear();
    corner_points.push_back(tl);
    corner_points.push_back(tr);
    corner_points.push_back(br);
    corner_points.push_back(bl);
```

```cpp
    }

int main(){
    Mat src = imread("img.jpg");
    if (src.empty())
        return -1;

    Mat dst = src.clone();

    Mat bw;
    cvtColor(src, bw, CV_BGR2GRAY);

    Canny(bw, bw, 100, 100, 3);
    vector<Vec4i> lines;
    HoughLinesP(bw, lines, 1, CV_PI/180, 70, 30, 10);

    vector<Point2f> corner_points;
    for (int i = 0; i < lines.size(); i++)
    {
        for (int j = i+1; j < lines.size(); j++)
        {
            Point2f pnt = computeIntersect(lines[i], lines[j]);
            if (pnt.x >= 0 && pnt.y >= 0)
                corner_points.push_back(pnt);
        }
    }

    vector<Point2f> approx;
    approxPolyDP(Mat(corner_points), approx,
        arcLength(Mat(corner_points), true) * 0.02, true);

    if (approx.size() != 4)
    {
        cout << "The object is not quadrilateral!" << endl;
        return -1;
    }
```

```
// 중심점 얻기
for (int i = 0; i < corner_points.size(); i++)
    centerpoint += corner_points[i];
centerpoint *= (1. / corner_points.size());

sortCorners(corner_points, centerpoint);

// 선 그리기
for (int i = 0; i < lines.size(); i++)
{
    Vec4i v = lines[i];
    line(dst, Point(v[0], v[1]), Point(v[2], v[3]),
        CV_RGB(0,255,0));
}

// 코너 점 그리기
circle(dst, corner_points[0], 3, CV_RGB(255,0,0), 2);
circle(dst, corner_points[1], 3, CV_RGB(0,255,0), 2);
circle(dst, corner_points[2], 3, CV_RGB(0,0,255), 2);
circle(dst, corner_points[3], 3, CV_RGB(255,255,255), 2);

// 질량 중심 점 그리기
circle(dst, centerpoint, 3, CV_RGB(255,255,0), 2);

// 코너 점에 대응하는 점 계산
Mat quad = Mat::zeros(src.rows, src.cols/2, CV_8UC3);

vector<Point2f> quad_pnts;
quad_pnts.push_back(Point2f(0, 0));
quad_pnts.push_back(Point2f(quad.cols, 0));
quad_pnts.push_back(Point2f(quad.cols, quad.rows));
quad_pnts.push_back(Point2f(0, quad.rows));

// 대응하는 점 그리기
circle(dst, quad_pnts[0], 3, CV_RGB(255,0,0), 2);
circle(dst, quad_pnts[1], 3, CV_RGB(0,255,0), 2);
circle(dst, quad_pnts[2], 3, CV_RGB(0,0,255), 2);
```

```
circle(dst, quad_pnts[3], 3, CV_RGB(255,255,255), 2);

Mat transmtx = getPerspectiveTransform(corner_points, quad_pnts);
warpPerspective(src, quad, transmtx, quad.size());

// 창을 생성한 후 결과 표시
namedWindow("Original Image", CV_WINDOW_AUTOSIZE );
namedWindow("Selected Points", CV_WINDOW_AUTOSIZE );
namedWindow("Corrected Perspertive", CV_WINDOW_AUTOSIZE );

imshow("Original Image", src);
imshow("Selected Points", dst);
imshow("Corrected Perspertive", quad);

waitKey(); // 키 누름을 기다림
return 0; // 종료
}
```

여기서 코드를 설명한다. 예제에서 먼저 입력 영상(img.jpg)을 읽은 후, 투시 변환을 수행하기 위해 관심 영역이나 객체의 특징점keypoint을 계산한다. 특징점은 객체의 코너 점이다. 이 알고리즘은 사각형 객체에서만 작동한다. 4장 '영상 분할'에서 코너를 계산하는 방법(캐니 연산자와 허프 변환)을 설명한다. 객체의 코너에 대응하는 점은 결과 영상의 코너다. 이 점은 원 영상 위에 있는 원으로 나타난다. 결과 영상의 크기는 입력 영상과 같은 높이 그리고 입력 영상 너비의 절반으로 설정된다. 마지막에는 보정된 객체가 있는 영상을 시각화한다. 투시 보정은 선형 변환인 INTER_LINEAR를 사용한다. 다음 그림은 투시 변환 알고리즘의 결과를 보여준다.

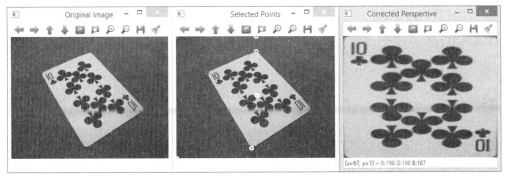

▲ 투시를 보정하기 위해 수행된 기하학적 변환의 결과

요약

3장은 컴퓨터 비전에서 사용하는 가장 흔한 영상처리 방법을 다뤘다. 영상처리는 다음 단계인 컴퓨터 비전 애플리케이션에 적용하기 직전에 종종 수행되는 단계다. 영상처리에 많은 방법이 있으며, 영상 보정과 영상 히스토그램, 영상 평활화, 밝기와 명암대비 모델링, 히스토그램 정합에 의한 영상 컬러 변환, 컬러 공간 변환, 인간의 레티나 모델을 이용한 필터링, 산술 변환과 기하학적 변환 같은 개선을 일반적으로 적용한다.

4장에서는 컴퓨터 비전 시스템의 다음 관문인 분할 과정을 다루며, 영상 내부의 관심 영역을 추출하는 방법을 살펴볼 것이다.

참고사항

OpenCV의 영상처리를 위한 다른 중요한 함수는 필터링과 관계가 있다. 이 함수는 간단하기 때문에 3장에서 생략했다. OpenCV에 주요 필터를 사용하는 방법을 보여주는 예제가 들어 있다([opencv_source_code]/samples/cpp/filter2D_demo.cpp). 주요 필터 함수는 다음과 같다.

- 가우시안 필터Gaussian filter: GaussianBlur

- 중간 값 필터median filter: medianBlur

- 비등방성 필터anisotropic filter: bilateralFilter

- 동차 블러homogeneous blur: blur

4
영상 분할

분할segmentation은 영상을 전통적으로 얼굴, 자동차, 도로, 하늘, 풀과 같은 중요한 영역이나 객체에 해당하는 여러 영역 또는 조각segment으로 나누는 모든 과정을 의미한다. 분할은 컴퓨터 비전 시스템에서 매우 중요한 관문 중 하나다. 분할을 위한 특정 모듈이 OpenCV에 존재하지 않지만, 다른 모듈에 즉시 사용할 수 있도록 준비된 방법은 많다(imgproc에 대부분 있음). 4장에서는 OpenCV 라이브러리에서 가장 중요하면서도 자주 사용하는 방법을 다룬다. 어떤 경우에는 시드seed를 얻거나 결과를 개선하기 위해 부가적인 처리를 추가해야 한다(시드는 알고리즘의 완전한 분할 수행이 용이한 대략적인 조각을 가리킨다.). 4장에서 주요 분할 방법인 경계화thresholding, 외곽선contour, 연결 성분connected component, 영역 채우기flood fill, 워터쉐드 분할watershed segmentation, 그랩컷GrabCut 알고리즘을 살펴본다.

경계화

경계화는 가장 단순하면서도 매우 유용한 분할 연산 중 하나다. 거의 모든 영상처리 애플리케이션에서 결국은 몇몇 경계화 종류를 사용한다고 확실하게 말할 수 있다. 영상을 두 영역, 즉 일반적으로 객체와 배경으로 나누기 때문에 이를 분할 연산으로 고려하자. OpenCV에서 `double threshold(InputArray src, OutputArray dst, double thresh, double maxval, int type)` 함수로 경계화를 수행한다.

첫 두 파라미터는 각각 입력 영상과 결과 영상이다. 세 번째 파라미터는 선택된 경계 값이다. 수행하려는 경계화 타입으로 `maxval`의 의미를 조절한다. 다음 표는 각 경계화 타입마다 수행하는 연산을 보여준다.

타입	dst(x, y)
THRESH_BINARY	src(x, y)가 thresh보다 더 크면 maxval, 아니면 0
THRESH_BINARY_INV	src(x, y)가 thresh보다 더 크면 0, 아니면 maxval
THRESH_TRUNC	src(x, y)가 thresh보다 더 크면 thresh, 아니면 src(x, y)
THRESH_TOZERO	src(x, y)가 thresh보다 더 크면 src(x, y), 아니면 thresh
THRESH_TOZERO_INV	src(x, y)가 thresh보다 더 크면 0, 아니면 src(x, y)

기존 책에서 경계화의 각 타입을 1D 신호 플롯의 도움으로 보여주는 것과 달리, 여기서는 경험을 바탕으로 개념을 더 빠르게 잡도록 해주는 숫자와 그레이 레벨을 보여준다. 다음 그림은 예제 입력인 단일 줄이 있는 영상을 이용해 각 경계화 타입의 효과를 보여준다.

특수한 값인 TRESH_OTSU는 이전 값과 함께 (OR 연산자로) 조합할 수도 있다. 이런 경우 `threshold` 함수가 경계 값을 자동으로 추정한다(오츠 알고리즘 사용). `threshold` 함수는 추정한 경계 값을 반환한다.

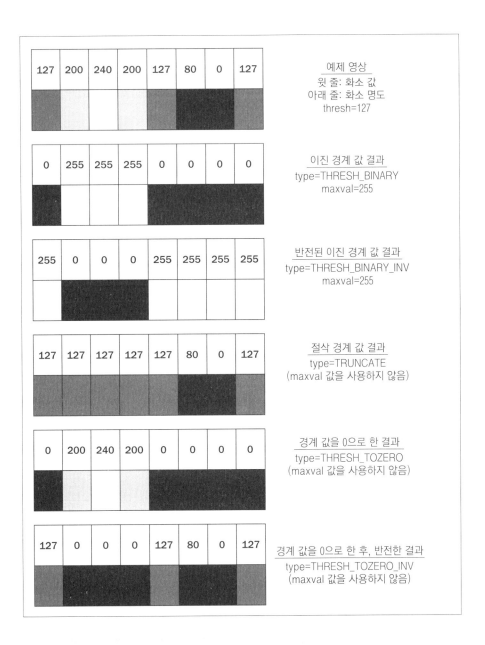

127	200	240	200	127	80	0	127

예제 영상
윗 줄: 화소 값
아래 줄: 화소 명도
thresh=127

0	255	255	255	0	0	0	0

이진 경계 값 결과
type=THRESH_BINARY
maxval=255

255	0	0	0	255	255	255	255

반전된 이진 경계 값 결과
type=THRESH_BINARY_INV
maxval=255

127	127	127	127	127	80	0	127

절삭 경계 값 결과
type=TRUNCATE
(maxval 값을 사용하지 않음)

0	200	240	200	0	0	0	0

경계 값을 0으로 한 결과
type=THRESH_TOZERO
(maxval 값을 사용하지 않음)

127	0	0	0	127	80	0	127

경계 값을 0으로 한 후, 반전한 결과
type=THRESH_TOZERO_INV
(maxval 값을 사용하지 않음)

오츠 알고리즘은 전경 화소로부터 (급내/급간 분산비(interclass/intra class variance ratio)로) 배경 화소를 최적으로 분리한 경계 값을 얻는다. http://www.labbookpages. co.uk/software/imgProc/otsuThreshold.html에 실린 자세한 설명과 데모를 참고하자.

설명했던 threshold 함수는 영상 전체에 단일 경계 값을 사용하는 반면에, 적응형 경계화는adaptive thresholding 각 화소에 대한 다른 경계 값을 추정하며, 입력 영상이 덜 균등하다면(예: 조명이 고르지 않은 영역) 더 나은 결과를 만든다. 적응형 경계화를 수행하는 함수는 다음과 같다.

```
adaptiveThreshold(InputArray src, OutputArray dst, double maxValue,
        int adaptiveMethod, int thresholdType, int blockSize, double C)
```

이 함수는 threshold 함수와 비슷하다. thresholdType 파라미터는 THRESH_BINARY 또는 THRESH_BINARY_INV 중 하나여야 한다. 이 함수는 계산한 이웃의 가중 평균에 상수(C)를 빼서 각 화소에 대한 경계 값을 계산한다. adaptiveMethod가 ADAPTIVE_THRESH_MEAN_C이면 계산된 경계 값은 이웃의 평균값이다(즉, 모든 요소에 가중치를 동일하게 부여한다.). adaptiveMethod가 ADAPTIVE_THRESH_GAUSSIAN_C이면 가우시안 함수를 따라 이웃의 화소에 가중치를 부여한다.

다음 thresholding 예제는 영상에 경계화 연산을 수행하는 방법을 보여준다.

```cpp
#include "opencv2/opencv.hpp"
#include <iostream>

using namespace std;
using namespace cv;

Mat src, dst, adaptDst;
int threshold_value, block_size, C;

void thresholding( int, void* )
{
    threshold( src, dst, threshold_value, 255, THRESH_BINARY );

    imshow( "Thresholding", dst );
}
```

```cpp
void adaptThreshAndShow()
{
    adaptiveThreshold( src, adaptDst, 255, CV_ADAPTIVE_THRESH_MEAN_C,
        THRESH_BINARY, block_size, C);
    imshow( "Adaptive Thresholding", adaptDst );
}


void adaptiveThresholding1( int, void* )
{
    static int prev_block_size = block_size;

    if ((block_size % 2) == 0) // block_size가 홀수인지 확인
    {
        if (block_size > prev_block_size) block_size++;
        if (block_size < prev_block_size) block_size--;
    }

    if (block_size <= 1) block_size = 3; // block_size가 최소 값인지 확인

    adaptThreshAndShow();
}


void adaptiveThresholding2( int, void* )
{
    adaptThreshAndShow();
}


int main(int argc, char *argv[])
{
    // 원 영상을 읽은 후, 결과를 포함하도록 원 영상 복제
    src = imread("left12.jpg", CV_LOAD_IMAGE_GRAYSCALE );
    dst = src.clone();
    adaptDst = src.clone();

    // 3개의 창 생성
    namedWindow("Source", WINDOW_AUTOSIZE);
    namedWindow("Thresholding", WINDOW_AUTOSIZE);
```

```
namedWindow("Adaptive Thresholding", WINDOW_AUTOSIZE);
imshow("Source", src);

// 트랙바 생성
threshold_value = 127;
block_size = 7;
C = 10;
createTrackbar( "threshold", "Thresholding", &threshold_value,
    255, thresholding );
createTrackbar( "block_size", "Adaptive Thresholding",
    &block_size, 25, adaptiveThresholding1 );
createTrackbar( "C", "Adaptive Thresholding", &C, 255,
    adaptiveThresholding2 );

// 처음으로 연산 수행
thresholding(threshold_value,0);
adaptiveThresholding1(block_size, 0);
adaptiveThresholding2(C, 0);

// 화면에 창을 배치
moveWindow("Source", 0,0);
moveWindow("Thresholding", src.cols,0);
moveWindow("Adaptive Thresholding", 2*src.cols,0);

cout << "Press any key to exit...\n";
waitKey(); // 키 누름을 기다림
return 0;
}
```

앞 코드에서 예제는 그레이스케일로 불러들인 원시 영상, 경계화와 적응형 경
계화 결과를 보여주는 3개의 창을 생성한다. 그런 후에 3개의 트랙바를 생성
한다. 하나는 경계화 결과 창과 관련이 있고(경계 값을 처리하기 위해), 나머지 2
개는 적응형 경계화 결과 창과 관련이 있다(블록의 크기와 상수 값을 처리하기 위
해). 이 경우에는 두 콜백 함수가 필요하지만 코드 반복을 원하지 않으므로,
adaptThreshAndShow 함수 안에 있는 adaptiveThreshold를 호출함에 유의하자.

다음으로는 기본 파라미터 값을 이용해 이 연산을 수행하는 함수를 호출한다. 마지막으로 화면에 창을 재배치할 때 highgui의 `moveWindow` 함수를 사용한다(그렇지 않으면 서로 상단에 표시되고, 세 번째 창만 보인다.). 또한 `block_size` 파라미터의 홀수 값을 유지하기 위해 `adaptiveThresholding1`의 처음 여섯 번째 줄이 필요함에 유의하자. 다음 그림은 예제 결과를 보여준다.

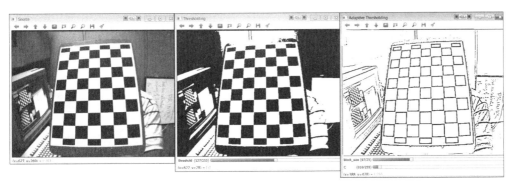

▲ 경계화 예제 결과

 inRange(InputArray src, InputArray lowerb, InputArray upperb, OutputArray dst) 함수는 화소가 하한 경계 값과 상한 경계 값 사이에 있는지 여부를 체크하므로 경계화에도 유용하다. 두 lowerb와 upperb는 inRange(src, Scalar(bl, gl, rl), Scalar(bh, gh, rh), tgt);처럼 스칼라로 제공돼야 한다.

외곽선과 연결 성분

외곽선 추출 연산은 특징feature 추출과 분할 간의 절충으로 고려될 수 있는데, 이진 영상은 다른 동질 영역부터 분리된 영상 외곽선에서 만들기 때문이다. 외곽선은 일반적으로 객체 경계선에 해당한다.

영상의 에지를 검출하는 많은 간단한 방법(예: 소벨Sobel 필터와 라플라시안Laplacian 필터)이 있는 반면에 캐니Canny 방법은 에지 추출에 강건한 알고리즘이다.

 캐니 방법은 화소가 에지인지 아닌지를 결정하기 위해 2개의 경계 값을 사용한다. 이 방법은 히스테리시스(hysteresis) 과정이라고 부르며 하한 경계 값과 상한 경계 값을 사용한다(http://docs.opencv.org/doc/tutorials/imgproc/imgtrans/canny_detector/canny_detector.html 참고). 캐니 에지 검출기의 좋은 예제가 OpenCV에 이미 포함됐으므로 ([opencv_source_code]/samples/cpp/edge.cpp]에 있음), 여기에 넣지 않는다(하지만 다음 floodFill 예제를 참고하자.). 대신에 검출된 에지에 기반을 둔 꽤 유용한 다른 함수를 설명한다.

직선을 검출하기 위한 고전적인 방법은 허프 변환이다. OpenCV에서 허프 변환을 활용할 수 있는 반면에(HoughLines 함수와 HoughLinesP 함수이며 예제는 [opencv_source_code]/samples/cpp/houghlines.cpp]임), 최근에 나온 선분 검출기LSD, Line Segment Detector 방법은 직선 검출에 일반적으로 강건하다. LSD는 높은 기울기 강도 화소의 정렬을 찾는 것으로 작동하며, 주어진 정렬 허용오차 특징을 이용한다. 이 방법은 이전에 최고였던 허프 변환 검출기(진보된 확률적 허프 변환Progressive Probabilistic Hough Transform)에 비해 더 강건하고 더 빠른 것으로 밝혀졌다.

OpenCV의 2.4.9 릴리스에서 LSD 방법은 쓸 수 없다. 하지만 이 책을 집필하는 시점에서는 이미 깃허브GitHub의 코드 소스 저장소에서 사용할 수 있다. LSD 방법은 버전 3.0에서 이용 가능할 것이다. OpenCV 라이브러리의 짧은 예제는 이 기능을 다룬다. 아무튼 다른 특징을 보여주는 추가 예제를 제공한다.

 깃허브에서 사용할 수 있는 최신 소스 코드를 테스트하려면 https://github.com/ltseez/opencv로 가서 OpenCV 라이브러리 코드를 ZIP 파일로 다운로드한다. 이어서 로컬 폴더에 압축을 푼 후, OpenCV 라이브러리를 컴파일하고 설치하기 위해 1장 '시작하기'에서 설명했던 동일한 단계를 따라 한다.

LSD 검출기는 C++ 클래스다. `cv::Ptr<LineSegmentDetector> cv::createLineSegmentDetector (int _refine=LSD_REFINE_STD, double _scale=0.8, double _sigma_scale=0.6, double _quant=2.0, double _ang_th=22.5, double _log_eps=0, double _density_th=0.7, int _n_bins=1024)` 함수는 클래스의 객체를 생성한 후, 이 객체를 가리키는 포인터를 반환한다. 여러 개의 인자는 생성된 검출기를 정의함에 주목하자. 이런 파라미터의 의미는 근본적인 알고리즘의 이해를 요구하며, 이 책의 범위에서 벗어난다. 다행히도 기본값만으로 대부분 목적에 충분하다. 따라서 독자가 참조 설명서(OpenCV 라이브러리의 버전 3.0용)를 참고하길 바란다. 첫 번째 파라미터인 scale은 반환되는 선 개수를 대략적으로 조절한다. 이 인자로 입력 영상을 자동으로 재스케일링한다. 더 낮은 해상도에서는 좀 더 적은 선만 검출된다.

> cv::Ptr⟨⟩ 타입은 래핑 포인터에 대한 템플릿 클래스다. 이 템플릿은 참조 카운팅을 이용한 자동 해제가 쉬운 2.x API에서 사용할 수 있다.. cv::Ptr⟨⟩ 타입은 std::unique_ptr과 비슷하다.

검출 자체는 `LineSegmentDetector::detect(const InputArray _image, OutputArray _lines, OutputArray width=noArray(), OutputArray prec=noArray(), OutputArraynfa=noArray())` 메소드를 이용해 완수한다. 첫 번째 파라미터는 입력 영상인 반면에, `_lines` 배열은 한 선 끝과 다음 다른 선 끝의 (x, y) 위치를 대표하는 `Vec4i`의 (STL) 벡터로 채워진다. 선택적인 파라미터인 `width`, `prec`, `noArray`는 검출된 선에 관한 부가 정보를 반환한다. 첫 번째인 `width`는 추정된 선 너비다. `LineSegmentDetector::drawSegments (InputOutputArray _image, InputArray lines)`라고 하는 편리한(꽤 간단한) 메소드로 선을 그릴 수 있다. 선은 입력, 즉 `_image`의 상단에 그려진다.

다음 lineSegmentDetector 예제는 동작하는 검출기를 보여준다.

```cpp
#include "opencv2/opencv.hpp"
#include <iostream>

using namespace std;
using namespace cv;

vector<Vec4i> lines;
vector<float> widths;

Mat input_image, output;

inline float line_length(const Point &a, const Point &b)
{
    return (sqrt((b.x-a.x)*(b.x-a.x) + (b.y-a.y)*(b.y-a.y)));
}

void MyDrawSegments(Mat &image, const vector<Vec4i>&lines, const
    vector<float>&widths,
    const Scalar& color, const float length_threshold)
{
    Mat gray;

    if (image.channels() == 1)
    {
        gray = image;
    }
    else if (image.channels() == 3)
    {
        cvtColor(image, gray, COLOR_BGR2GRAY);
    }

    // 컬러 선을 그리기 위해 3채널 영상 생성
    std::vector<Mat> planes;
    planes.push_back(gray);
    planes.push_back(gray);
    planes.push_back(gray);
```

```cpp
    merge(planes, image);

    // 길이가 주어진 경계 값 초과 시 선분을 그림
    for(int i = 0; i < lines.size(); ++i)
    {
        const Vec4i& v = lines[i];
        Point a(v[0], v[1]);
        Point b(v[2], v[3]);
        if (line_length(a,b) > length_threshold)
            line(image, a, b, color, widths[i]);
    }
}

void thresholding(int threshold, void*)
{
    input_image.copyTo(output);
    MyDrawSegments(output, lines, widths, Scalar(0, 255, 0), threshold);
    imshow("Detected lines", output);
}

int main(int argc, char** argv)
{
    input_image = imread("building.jpg", IMREAD_GRAYSCALE);

    // LSD 검출기 객체 생성
    Ptr<LineSegmentDetector> ls = createLineSegmentDetector();

    // 선 검출
    ls->detect(input_image, lines, widths);

    // 찾은 선을 보여주는 창 생성
    output = input_image.clone();
    namedWindow("Detected lines", WINDOW_AUTOSIZE);

    // 선 길이 경계 값에 대한 트랙바 생성
    int threshold_value = 50;
    createTrackbar( "Line length threshold", "Detected lines",
```

```
                &threshold_value, 1000, thresholding );
        thresholding(threshold_value, 0);

        waitKey();
        return 0;
    }
```

앞 예제는 그레이스케일로 불러들인 원시 영상이 있는 창을 생성하고,
MyDrawSegments 메소드를 보여준다. 아무튼 선 길이에 대한 경계 값을 부여하
고 선 컬러를 지정할 수 있다(MyDrawSegments는 모든 선을 녹색으로 그린다.). 이외
에도, 검출기가 추정한 너비로 주어진 두께로 선을 그린다. 경계 값의 길이를 조
절하는 트랙바는 메인 창과 관련이 있다. 다음 그림은 예제 결과를 보여준다.

▲ lineSegmentDetector 예제 결과

```
HoughCircles(InputArray image, OutputArray circles, int method,
double dp, double minDist, double param1=100, double param2=100,
```

118

intminRadius=0, int maxRadius=0) 함수를 사용해 원을 검출할 수 있다. 첫 번째 파라미터는 그레이스케일 입력 영상이다. 결과 파라미터인 원은 Vec3f 객체의 벡터로 채워진다. 각 객체는 원의 성분인 (center_x, center_y, radius)로 표현한다. 마지막 두 파라미터는 최소/최대 탐색 반지름을 나타내므로 결국 검출된 원의 개수에 영향을 준다. 이미 OpenCV에 이 함수의 간단한 예제인 [opencv_source_code]/samples/cpp/houghcircles.cpp가 이미 들어 있다. 예제는 1부터 30까지의 반경을 갖는 원을 검출한 후, 입력 영상 위에 표시한다.

분할 알고리즘은 전형적으로 연결 성분, 즉 이진 영상에서 연결된 화소의 영역을 형성한다. 다음 절에서 이진 영상으로부터 연결 성분과 연결 성분의 외곽선을 얻는 방법을 보여준다. 지금 고전적인 함수인 findContours를 사용해 외곽선을 탐색할 수 있다. 참조 설명서에 있는 findContours 함수의 예제를 활용할 수 있다(the [opencv_source_code]/samples/cpp/contours2.cpp와 [opencv_source_code]/samples/cpp/segment_objects.cpp 예제 참고). 또한 OpenCV의 3.0 릴리스(깃허브 저장소에서 이미 사용할 수 있는 코드)의 ShapDistanceExtractor 클래스는 모양 컨텍스트 기술자Shape Context Descriptor와 하우스도르프 거리Hausdorff distance를 이용해 외곽선을 비교할 수 있게 해준다는 점에 주목하자. ShapeDistanceExtractor 클래스는 OpenCV 라이브러리의 shape라고 부르는 새로운 모듈에 있다. 모양 변환은 ShapeTransformer 클래스를 통해 활용할 수도 있다(예: [opencv_source_code]/samples/cpp/shape_transformation.cpp).

새로운 함수인 connectedComponents와 connectedComponentsWithStats는 연결 성분을 탐색한다. 이 함수는 3.0 릴리스의 일부가 되며, 깃허브 저장소에서 이 함수를 이미 사용할 수 있다. OpenCV에 포함된 이 함수의 예제는 첫 번째 함수를 사용하는 방법을 보여주며, [opencv_source_code]/samples/cpp/connected_components.cpp]다.

연결 성분에 레이블을 붙이는 기능은 예전 OpenCV 2.4.x 버전에서 실제로 제거됐으며,
지금은 다시 추가됐다.

각 연결 성분에 관한 유용한 통계를 제공하는 두 번째 함수인 int connected
ComponentsWithStats(InputArray image, OutputArray labels, OutputArray
stats, OutputArray centroids, int connectivity=8, intltype=CV_32S)
를 사용하는 방법을 보여주는 다른 예제(connectedComponent)를 제공한다.
stat(label, column)을 통해 이런 통계에 접근할 수 있으며, 여기서 column
은 다음 표의 항목 중 하나가 될 수 있다.

CC_STAT_LEFT	수평 방향에서 경계 상자(bounding box)의 시작을 포함하는 가장 왼쪽인 (x) 좌표
CC_STAT_TOP	수직 방향에서 경계 상자의 시작을 포함하는 가장 위쪽인 (y) 좌표
CC_STAT_WIDTH	경계 상자의 수평 크기
CC_STAT_HEIGHT	경계 상자의 수직 크기
CC_STAT_AREA	연결 성분의 총 면적(화소 단위)

다음은 예제 코드다.

```
#include <opencv2/core/utility.hpp>
#include "opencv2/imgproc.hpp"
#include "opencv2/highgui.hpp"
#include <iostream>

using namespace cv;
using namespace std;

Mat img;
int threshval = 227;
```

```cpp
static void on_trackbar(int, void*)
{
    Mat bw = threshval < 128 ? (img < threshval) : (img > threshval);
    Mat labelImage(img.size(), CV_32S);

    Mat stats, centroids;
    int nLabels = connectedComponentsWithStats(bw, labelImage,
                                                stats, centroids);

    // 연결 성분을 무작위 컬러로 보여주기
    std::vector<Vec3b> colors(nLabels);
    colors[0] = Vec3b(0, 0, 0); // 배경
    for(int label = 1; label < nLabels; ++label){
        colors[label] = Vec3b( (rand()&200),
                               (rand()&200),
                               (rand()&200) );
    }

    Mat dst(img.size(), CV_8UC3);
    for(int r = 0; r < dst.rows; ++r){
        for(int c = 0; c < dst.cols; ++c){
            int label = labelImage.at<int>(r, c);
            Vec3b &pixel = dst.at<Vec3b>(r, c);
            pixel = colors[label];
        }
    }

    // 각 연결 성분의 영역과 함께 있는 텍스트 레이블(배경 제외)
    for (int i=1; i< nLabels;i++)
    {
        float a = stats.at<int>(i,CC_STAT_AREA);
        Point org(centroids.at<double>(i,0),
                  centroids.at<double>(i,1));
        String txtarea;
        std::ostringstream buff;
        buff << a;
```

```
            txtarea = buff.str();
            putText( dst, txtarea, org,FONT_HERSHEY_COMPLEX_SMALL, 1,
                    Scalar(255,255,255), 1);,
        }

    imshow( "Connected Components", dst );
}

int main( int argc, const char** argv )
{
    img = imread("stuff.jpg", 0);
    namedWindow( "Connected Components", 1 );
    createTrackbar( "Threshold", "Connected Components",
                    &threshval, 255, on_trackbar );
    on_trackbar(threshval, 0);

    waitKey(0);
    return 0;
}
```

앞 예제는 관련된 트랙바가 있는 창을 생성한다. 트랙바는 원시 영상에 적용하기 위해 경계 값을 조절한다. on_trarckbar 함수 내부에서 경계화의 결과를 이용한 connectedComponentsWithStats를 호출하며, 코드의 두 부분으로 이어진다. 첫 번째 부분은 무작위 컬러인 각 연결 성분에 대응하는 화소로 채운다. 각 성분에 속하는 화소는 labelImage에 있다(connectedComponents 함수에 labelImage 결과를 제공한다.). 두 번째 부분은 텍스트를 각 성분의 영역과 함께 표시한다. 이 텍스트는 각 성분의 중심에 위치한다. 다음 그림은 예제 결과를 보여준다.

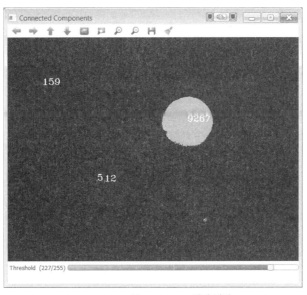

▲ connectedComponents 예제 결과

영역 채우기

영역 채우기 연산은 주어진 컬러로 연결 성분을 채운다. 시드 점부터 시작해서 이웃 화소를 균등한 컬러로 색칠한다. 이웃 화소는 현재 화소의 지정된 범위 안에 포함될 수 있다. 영역 채우기 함수는 int floodFill(InputOutputArray image, Point seedPoint, Scalar newVal, Rect* rect=0, Scalar loDiff=Scalar(), Scalar upDiff=Scalar(),int flags=4)이다. loDiff와 upDiff 파라미터는 모든 이웃 화소를 확인하기 위한 범위를 나타낸다(3채널인 경우 경계 값을 서로 다르게 지정할 수 있음에 주목하자.). newVal 파라미터는 범위에 있는 화소에 적용하는 컬러다. flags 파라미터의 하위 부분[1]은 사용하는 화소의 연결성 값(4 또는 8)을 포함한다. 가장 높은 부분은 연산 모드를 정의한다.

---

1 하위 부분은 정확히는 flag의 하위 비트다. 즉, flag의 타입이 int이므로 4를 2진수로 표현하면 00000010이고, 8이면 00000100이다. 마찬가지로 상위 부분이면 flag의 상위 비트를 의미한다. – 옮긴이

모드에 따라 영역 채우기 함수는 입력 영상의 이웃 화소가 현재 화소의 지정된 범위(loDiff와 upDiff) 안에 있거나 이웃 화소가 원래 시드 값의 지정된 범위 안에 있으면 색칠한다. 두 번째 파라미터인 마스크 영상을 이용해 이 함수를 호출할 수 있다. 마스크 영상을 지정하면 영역 채우기 연산이 마스크의 넌제로를 가로지를 수 없다. 마스크는 입력 영상보다 2화소만큼 폭이 더 넓고 2화소만큼 더 크되, 단일 채널인 8비트 영상이어야 함에 유의하자.

flags의 상위 비트는 0이거나 다음 조합이 될 수 있다.

● FLOOD_FIXED_RANGE: 설정하면, 현재 화소와 시드 화소 간의 차이를 고려한다. 그렇지 않으면 현재 화소와 이웃 화소 간의 차이를 고려한다.

● FLOODFILL_MASK_ONLY: 설정하면, 이 함수는 영상을 변경하지 않지만 (newVal은 무시됨), 마스크를 채운다.

OpenCV의 영역 채우기 예제([opencv_source_code]/samples/cpp/ffilldemo. cpp)에서 결과 파라미터인 마스크만 사용한다. floodFill 예제에서 다음 코드에서 보듯이 채우기를 제한하기 위해 마스크를 입력 파라미터로 사용한다. 이 아이디어는 에지 추출기의 결과를 마스크로 사용하는 데 있으며, 채우기 과정을 에지에서 중단한다.

```cpp
#include "opencv2/opencv.hpp"
#include <iostream>

using namespace std;
using namespace cv;

Mat image, image1, image_orig;
int loDiff = 20, upDiff = 30;
int loCanny = 10, upCanny = 150;

void onMouse( int event, int x, int y, int, void* )
{
```

```
        if( event != CV_EVENT_LBUTTONDOWN ) return;

        Point seed = Point(x,y);
        int flags = 4 + CV_FLOODFILL_FIXED_RANGE;
        int b = (unsigned)theRNG() & 255;
        int g = (unsigned)theRNG() & 255;
        int r = (unsigned)theRNG() & 255;
        Rect ccomp;

        Scalar newVal = Scalar(b, g, r);
        Mat dst = image;

        // 영역 채우기
        floodFill(dst, seed, newVal, &ccomp, Scalar(loDiff, loDiff,
            loDiff), Scalar(upDiff, upDiff, upDiff), flags);
        imshow("image", dst);

        // 캐니 에지를 마스크로 사용
        Mat mask;
        Canny(image_orig, mask, loCanny, upCanny);
        imshow("Canny edges", mask);
        copyMakeBorder(mask, mask, 1, 1, 1, 1, cv::BORDER_REPLICATE);
        Mat dst1 = image1;
        floodFill(dst1, mask, seed, newVal, &ccomp, Scalar(loDiff,
            loDiff, loDiff), Scalar(upDiff, upDiff, upDiff), flags);
        imshow("FF with Canny", dst1);

        moveWindow("Canny edges", image.cols, 0);
        moveWindow("FF with Canny", 2*image.cols, 0);
}

int main(int argc, char *argv[])
{
    // 원 영상을 읽은 후, 결과를 포함하도록 원 영상 복제
    image = imread("lena.jpg", CV_LOAD_IMAGE_COLOR );
    image_orig = image.clone();
```

```
        image1 = image.clone();

        namedWindow( "image", WINDOW_AUTOSIZE );

        imshow("image", image);
        createTrackbar( "lo_diff", "image", &loDiff, 255, 0 );
        createTrackbar( "up_diff", "image", &upDiff, 255, 0 );
        createTrackbar( "lo_Canny", "image", &loCanny, 255, 0 );
        createTrackbar( "up_Canny", "image", &upCanny, 255, 0 );
        setMouseCallback( "image", onMouse, 0 );

        moveWindow("image", 0,0);

        cout << "Press any key to exit...\n";
        waitKey(); // 키 누름을 기다림
        return 0;
    }
```

앞 예제는 컬러 영상을 읽어 표시한 후, 4개의 트랙바를 생성한다. 첫 두 트랙
바는 floodFill 함수의 lodDiff와 upDiffvalues를 조절한다. 다른 두 트랙
바는 캐니 에지 검출기의 상한 경계 값과 하한 경계 값을 조절한다. 이번 예
제에서 사용자는 입력 영상의 어느 곳이나 클릭할 수 있다. 클릭한 위치를 영
역 채우기 연산을 수행하는 시드 점으로 사용한다. 실제로 매번 클릭할 때마
다 floodFill 함수를 두 번 호출한다. 첫 번째 호출은 무작위 컬러를 사용해 영
역을 단순히 채운다. 두 번째 호출은 캐니 에지 검출기의 결과로부터 마스크를
생성한다. copyMakeBorder 함수는 1화소인 폭을 마스크 주위에 형성할 때 필
요함에 주목하자. 다음 그림은 이 예제의 결과를 보여준다.

캐니 에지(오른쪽)를 사용한 결과는 기본 연산(왼쪽)에 비해 더 적은 화소로 채
웠다는 점에 주목하자.

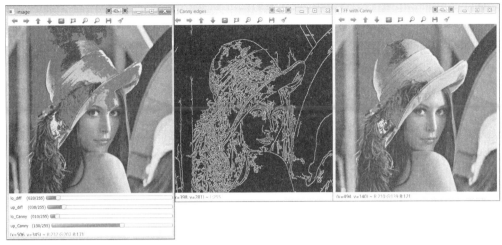

▲ floodFill 예제 결과

워터쉐드 분할

워터쉐드는 효율성이 알려진 분할 방법이다. 이 방법은 근본적으로 사용자가 영역이 확장하는 곳에서 시작 (시드) 점을 지정하는 것부터 시작한다. 좋은 시작 시드를 제공한다고 가정하며, 결과인 분할은 많은 목적에 유용하다.

 영상 분할을 위한 워터쉐드 변환에 대한 자세한 내용과 예제를 보려면 http://cmm. ensmp.fr/~beucher/wtshed.html을 참고하자.

watershed(InputArray image, InputOutputArray markers) 함수는 3채널 입력 영상과 시드가 있는 markers라고 부르는 영상을 받는다. 후자는 32비트 단일 채널 영상이어야 한다. 시드를 markers에서 양수를 갖는 연결 성분으로 지정할 수도 있다(0은 시드 값으로 사용될 수 없음). 결과 인자인 markers의 각 화소는 시드 성분이나 영역 간의 경계에서는 -1로 설정된다. OpenCV에는 사용자가 시드의 영역을 그려야 하는 워터쉐드 예제([opencv_source_code]/samples/cpp/watershed.cpp)가 들어 있다.

시드 영역 선택은 분명히 중요하다. 이상적으로는 사용자의 개입 없이 자동으로 시드를 선택한다. 전형적인 워터쉐드 사용법은 객체를 배경과 분리하기 위해 먼저 영상을 경계화해 거리 변환을 적용한 후, 거리 변환된 영상의 지역 최대치를 분할을 위한 시드 점으로 쓰는 것이다. 하지만 객체 일부를 배경으로 간주할 수도 있는 첫 번째 경계화 단계는 중요하다. 이 경우 객체 시드 영역은 너무 작고 분할이 나빠진다. 한편으로는 워터쉐드 분할을 수행하기 위해 물론 배경에 대한 시드도 필요하다. 영상의 코너에 걸친 점을 시드로 사용할 수 있겠지만 충분하지 않다. 이 경우 배경 시드 영역도 너무 작다. 이런 시드를 사용한다면 분할이 제공한 객체 영역은 일반적으로 실제 객체보다 훨씬 더 크다. 다음 watershed 예제에서 더 나은 결과를 만들기 위한 다른 전략을 덧붙인다.

```cpp
#include <opencv2/core/utility.hpp>
#include "opencv2/imgproc.hpp"
#include "opencv2/highgui.hpp"
#include "opencv2/core.hpp"
#include <iostream>

using namespace std;
using namespace cv;

void Watershed(const Mat &src)
{
    Mat dst = src.clone();

    // 영상의 바깥 부분에 대해 영역 채우기
    Point seed(0,0); // 상단 왼쪽 코너
    int loDiff=20;
    int upDiff=20;
    int flags=4 + FLOODFILL_FIXED_RANGE + FLOODFILL_MASK_ONLY +
(255<<8);
    Mat mask(src.size(), CV_8UC1);
```

```
    mask.setTo(0);
    copyMakeBorder(mask, mask, 1, 1, 1, 1, cv::BORDER_REPLICATE);
    Scalar newVal;
    Rect ccomp;
    floodFill(dst, mask, seed, newVal, &ccomp,
        Scalar(loDiff, loDiff, loDiff), Scalar(upDiff, upDiff,
            upDiff), flags);

    // 영상의 안쪽 부분에 대해 영역 채우기
    seed.x=(float)src.cols/2; // 영상의 중심 x
    seed.y=(float)src.rows/2; // 영상의 중심 y
    Mat mask1=mask.clone();
    mask1.setTo(0);
    floodFill(dst, mask1, seed, newVal, &ccomp,
        Scalar(loDiff, loDiff, loDiff), Scalar(upDiff, upDiff,
            upDiff), flags);

    // 두 시드 영역이 있는 영상으로부터
    Mat Mask = mask.clone();
    mask=mask/2;
    Mask = mask | mask1;
    imshow("Seed regions", Mask);
    moveWindow("Seed regions", src.cols, 0);

    // 워터쉐드 수행
    Mat labelImage(src.size(), CV_32SC1);
    labelImage=Mask(Rect(1,1, src.cols, src.rows));
    labelImage.convertTo(labelImage, CV_32SC1);

    watershed(src, labelImage);

    labelImage.convertTo(labelImage, CV_8U);
    imshow("Watershed", labelImage);
    moveWindow("Watershed", 2*src.cols, 0);
}

int main(int argc, char *argv[])
{
    // 원 영상을 읽은 후, 결과를 포함하도록 원 영상 복제
```

```
Mat src = imread("hand_sample2.jpg", IMREAD_COLOR );

// 3개의 창 생성
namedWindow("Source", WINDOW_AUTOSIZE);
imshow("Source", src);
Watershed(src);

// 화면에 창을 배치
moveWindow("Source", 0,0);
cout << "Press any key to exit...\n";

waitKey(); // 키 누름을 기다림
return 0;
}
```

앞 코드의 watershed 함수는 세 단계를 수행한다. 먼저 영역 채우기로 배경 시
드 영역을 얻는다. 영역 채우기 시드는 영상의 상단 왼쪽, 즉 화소 (0, 0)이다.
그런 후에 객체(동일한 영상에 있는 손) 시드 영역을 얻기 위해 다른 영역 채우기
를 수행한다. 이 영역 채우기에 대한 시드를 영상의 중심으로 잡는다. 그다음
에는 이전 두 영역 채우기 결과 간의 OR 연산을 수행해 시드 영역 영상을 형
성한다. 결과 영상은 워터쉐드 연산의 시드 영상으로 사용된다. 다음 그림에서
그림의 중간에 나타난 시드 영상이 있는 손 예제 결과를 확인하자.

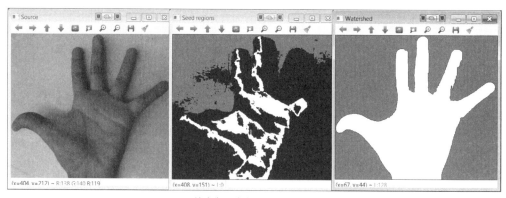

▲ 워터쉐드 예제 결과

그랩컷

그랩컷은 탁월한 반복적 배경/전경 분할 알고리즘이며, OpenCV의 버전 2.1 이후부터 사용할 수 있다. 그랩컷은 최소한의 부가 정보(대부분의 경우에는 경계 사각형으로 충분함)를 이용해 배경으로부터 객체를 분리하는 데 특히 유용하다. 다만 연산적으로 집약하기 때문에 정지 영상 분할에만 적합하다.

 그랩컷은 마이크로소프트 오피스 2010에 있는 배경 제거 도구의 기본 알고리즘이다. 케임 브리지에 위치한 마이크로소프트 연구소의 연구원이 이 알고리즘을 처음 제안했다. 조각 에 사용자가 객체의 경계 상자를 제공하는 것부터 시작해 대상 객체와 배경 객체 모두의 컬러 분포를 추정한다. 차후에 더 많은 가중치를 받은 동일한 레이블을 갖는 연결된 영역 의 에너지 함수를 최소화해 이 추정을 재정의한다.

주요 함수는 grabCut(InputArray img, InputOutputArray mask, Rect rect, InputOutputArray bgdModel, InputOutputArray fgdModel, int iterCount, int mode=GC_EVAL) 이다. bgdModel과 fgdModel 파라미터는 함수가 내부적으로만 사용한다(선언할 필요가 있음에도). iterCount 변수는 수행하기 위한 반복 횟수다. 경험상으로 이 알고리즘의 적은 반복은 좋은 분할을 만드는 데 필요하다. 이 알고리즘은 경계 상자, 마스크 영상 혹은 모두에 의한 도움을 받는다. 선택한 옵션을 mode 파라미터로 보여주며, 옵션은 GC_INIT_WITH_RECT, GC_INIT_WITH_MASK 또는 둘 다 OR로 조합한 것일 수 있다. 전자인 경우의 rect는 사각형을 정의한다. 사각형 바깥의 화소는 분명한 배경으로 간주된다. 후자인 경우의 마스크는 8비트 영상이며 화소는 다음과 같은 값을 갖는다.

- GC_DGD: 분명한 배경 화소를 정의한다.
- GC_FGD: 분명한 전경(객체) 화소를 정의한다.
- GC_PR_BGD: 가능성이 있는 배경 화소를 정의한다.
- GC_PR_PGD: 가능성이 있는 전경 화소를 정의한다.

영상 마스크도 결과인 분할이 함께 있는 결과 영상일 수도 있으며, 동일한 이전 값을 사용해 유도된다. OpenCV는 사용자가 경계 상자는 물론, 전경과 배경 화소를 그릴 수 있는 그랩컷 예제(opencv_source_code]/samples/cpp/grabcut.cpp)를 포함한다.

다음 grabcut 예제는 초기 경계 상자를 이용해 알고리즘을 사용한 후, 결과인 전경을 동일한 영상의 다른 위치에 복사한다.

```cpp
#include "opencv2/opencv.hpp"
#include <iostream>

using namespace std;
using namespace cv;

int main(int argc, char *argv[])
{
    // 원 영상을 읽은 후 복제
    Mat src = imread("stuff.jpg" );
    Mat tgt = src.clone();

    // 원시 창 생성
    namedWindow("Source", WINDOW_AUTOSIZE);
    imshow("Source", src);
    moveWindow("Source", 0,0);

    // 그랩컷 분할
    Rect rectangle(180,279,60,60);    // 동전 위치
    Mat result;                       // 분할 결과
    Mat bgModel,fgModel;              // 내부적으로 사용
    grabCut(src, result, rectangle, bgModel,fgModel, 1, GC_INIT_
WITH_RECT);
    result = (result & GC_FGD);       // 분명한 전경만 남김

    // 이동 연산
    Mat aff = Mat::eye(2,3,CV_32FC1);
    aff.at<float>(0,2) = 50;
    warpAffine(tgt, src, aff, result.size());
    warpAffine(result, result, aff, result.size());
```

```
        src.copyTo(tgt, result);

        // 대상 창 보여주기
        imshow("Target", tgt);
        moveWindow("Target", src.cols, 0);
        cout << "Press any key to exit...\n";

        waitKey(); // 키 누름을 기다림
        return 0;
    }
```

앞 예제는 원시 영상의 동전 주변에 고정된 경계 상자를 간단하게 사용하고(4
장의 다섯 번째 그림 참조) 분할을 수행한다. result 영상은 0(GC_BGD)과 3(GC_PR_
FGD) 사이의 값을 포함한다. 그 후의 AND 연산은 GC_FGD가 아닌 값을 0으로 바
꿀 때 필요하며, 결국 이진 전경 마스크를 얻는다. 그러면 원시 영상과 마스크는
수평으로 50화소만큼 이동한다. 어파인 워핑 변환affine warping operation은 x 이동
성분이 바뀌었을 때만 단위 행렬identity matrix과 함께 사용된다.

마지막에는 (물론 이동된) 마스크를 사용해 이동된 영상을 대상 영상으로 복사
한다. 두 원시 영상과 대상 영상을 다음 그림에서 보여준다. 반복 횟수를 늘리
는 것은 이번 특정 예제에 어떠한 중요한 영향을 미치지 않는다.

▲ 그랩컷 예제에서 원시 영상과 대상 영상

요약

4장은 컴퓨터 비전에서 가장 중요한 주제 중 하나를 다뤘다. 분할은 주로 첫 단계 중 한 가지이며, 전형적으로 까다로운 것 중 하나다. 4장에서 OpenCV의 경계화, 외곽선과 연결 성분, 구역에 영역 채우기, 워터쉐드 분할 방법과 그랩컷 방법 같은 매우 유용한 분할 방법을 사용하기 위한 통찰력과 예제를 독자에게 제공했다.

참고사항

평균이동 분할meanshift segmentation(pyrMeanShiftFiltering 함수)에 대한 내용은 생략했다. OpenCV에는 이 함수를 사용하는 방법을 보여주는 예제([opencv_source_code]/samples/cpp/meanshift_segmentation.cpp)가 들어 있다. 하지만 평균이동 분할 방법은 상대적으로 느린 데다가 과도하게 분할한 결과를 제공하는 경향이 있다.

비디오에도 배경/전경 분할을 적용할 수 있으며, 7장 '모션'에서 다룬다.

5

2D 특징

대부분 영상의 가장 유용한 정보는 전형적으로 대응하는 특징점salient point과 영역에 대응하는 특정 구역 주변에 있다. 대부분의 애플리케이션에서는 특징점의 주변을 지역 처리local processing하는 것만으로도 충분한데, 특징점이 안정적이며 차별화되기 때문이다. 5장에서는 OpenCV가 제공하는 2D 특징점과 특징feature에 대한 기본적인 소개를 다룬다. 검출기detector와 기술자descriptor 간의 차이점을 아는 것이 중요하다. 검출기는 영상의 관심점(지역 특징)만 추출하는 반면에 기술자는 관심점의 이웃에 대한 관련 정보를 얻는다. 기술자는 이름에서 보듯이 적절한 특징으로 영상을 기술하며, 조명 변화와 작은 원근 변형에 불변한 방식으로 관심점을 기술한다. 다른 기술자(보통 다른 영상으로부터 추출한)와 정합할 때 관심점을 사용할 수 있다. 이런 목적을 위해 정합기matcher를 사용한다. 결국 정합기는 객체 검출과 두 영상 간의 카메라 변환 추정에 사용될 수 있다. 먼저 관심점의 내부 정보를 보여주고, 2D 특징과 기술자 추출에 대한 설명을 제공한다. 마지막으로 5장은 정합matching, 즉 서로 다른 영상의 2D 특징 간의 대응을 다룬다.

관심점

관심점이라고 불리는 지역 특징local feature은 영역에서 명도의 갑작스런 변화로 특성화된다. 이런 지역 특징은 보통 에지, 코너, 덩어리로 분류된다. OpenCV는 KeyPoint 클래스에 관심점 정보를 캡슐화하며, 다음과 같은 데이터를 포함한다.

- 관심점의 좌표(Point2f 타입)
- 중요한 특징점keypoint 이웃의 지름
- 특징점의 방향
- 특징점의 강도, 선택한 특징점 추출기마다 다름
- 추출된 특징점이 있는 피라미드 계층(옥타브), SIFT, SURF, FREAK 또는 BRISK 같은 몇몇 기술자에서 옥타브를 사용함
- 군집 수행에 사용하는 객체 ID

특징 검출기

OpenCV는 FeatureDetctor 추상 클래스와 Ptr<FeatureDetector> FeatureDetector::create(const string& detectorType) 메소드를 통하거나 직접 알고리즘 클래스를 통해 구현한 여러 지역 특징 검출기를 다룬다. 첫 경우에서 검출기 타입은 지정된다(5장에서 사용하는 검출기를 굵은 테두리선으로 표현한 다음 그림 참고). 검출하는 검출기와 지역 특징의 타입은 다음과 같다.

- FAST(FastFeatureDetector): 이 기능은 코너와 덩어리_{blob}를 검출한다.

- STAR(StarFeatureDetector): 이 기능은 에지, 코너, 덩어리를 검출한다.

- SIFT(SiftFeatureDetector): 이 기능은 코너와 덩어리를 검출한다 (nonfree 모듈의 일부임).

- SURF(SurfFeatureDetector): 이 기능은 코너와 덩어리를 검출한다 (nonfree 모듈의 일부임).

- ORB(OrbFeatureDetector): 이 기능은 코너와 덩어리를 검출한다.

- BRISK(BRISK): 이 기능은 코너와 덩어리를 검출한다.

- MSER(MserFeatureDetector): 이 기능은 덩어리를 검출한다.

- GFTT(GoodFeaturesToTrackDetector): 이 기능은 에지와 덩어리를 검출한다.

- HARRIS(GoodFeaturesToTrackDetector): 이 기능은 (활성화된 해리스 검출기로) 에지와 코너를 검출한다.

- Dense(DenseFeatureDetector): 이 기능은 조밀하고 규칙적으로 영상에 분포된 특징을 검출한다.

- SimpleBlob(SimpleBlobDetector): 이 기능은 덩어리를 검출한다.

2D 특징 검출기 중 SIFT, SURF, ORB, BRISK 같은 몇몇 검출기는 또한 기술자임에 유의해야 한다.

void FeatureDetector::detect(const Mat& image, vector<KeyPoint>& keypoints, const Mat& mask) 함수는 특징점 검출을 수행하며, FeatureDetector 클래스의 다른 메소드다. 첫 번째 파라미터는 검출될 특징점이 있는 입력 영상이다. 두 번째 파라미터는 특징점이 저장되는 벡터에 대응한다. 마지막 파라미터는 선택사항이며 특징점을 살펴보는 곳을 지정할 수 있는 입력 마스크 영상을 나타낸다.

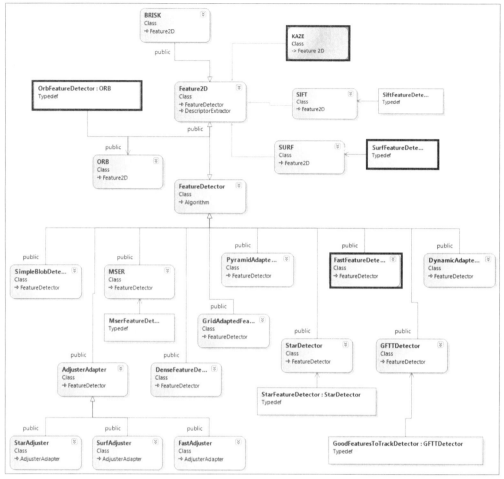

▲ OpenCV의 2D 특징 검출기

 매티유 라베(Matthieu Labbé)가 OpenCV의 코너 검출기, 특징 추출, 정합 알고리즘을 멋
진 GUI로 테스트할 수 있는 Qt 기반 오픈소스 애플리케이션을 구현했으며, https://code.
google.com/p/find-object/에서 다운로드할 수 있다.

첫 관심점은 역사적으로 코너였다. 1997년에 모라벡Moravec이 여러 방향(45
도)에서 큰 명도 변화가 있는 곳인 관심점을 코너로 정의했다. 모라벡은 연속
적인 영상 프레임에서 정합 영역을 찾기 위해 이런 관심점을 사용했다. 이어

서 1998년에 해리스Harris가 이동된 명도 변화를 근사화하기 위해 테일러 급수를 이용해 모라벡의 알고리즘을 개선했다. 그 후에 가우시안 차분DoG, difference of Gaussians에 기반을 둔 검출기와 헤시안 행렬식DoG, determinant of the Hessian 같은 검출기(예: 각각 SIFT와 SURF) 외에 FAST나 BRISK(스케일-공간 FAST)처럼 모라벡의 알고리즘에 기반을 두지만, 이웃 화소에서 연속적인 명도 값을 고려하는 다른 검출기가 등장했다.

 루(Lu)는 자신의 블로그인 LittleCheeseCake에서 가장 인기 있는 검출기와 기술자의 일부를 자세히 설명했다. http://littlecheesecake.me/blog/13804625/feature-detectors-and-descriptors에서 블로그를 볼 수 있다.

FAST 검출기

코너 검출기는 FASTFeatures from Accelerated Segment Test 알고리즘에 기반을 두며, 실시간 애플리케이션을 대상으로 매우 효율적으로 설계됐다. 이 방법은 후보 코너 p 주변에 있는 16개 화소(이웃)의 원을 고려함에 기반을 둔다. FAST 검출기는 이웃에 인접한 화소의 집합이 있되, T가 경계 값이라는 전제에서 인접한 모든 화소가 p+T보다 더 밝거나 P-T보다 더 어둡다면 p를 코너로 고려한다. 이 경계 값은 적절하게 선택돼야 한다.

OpenCV는 FAST 방법에 대한 래퍼 클래스인 FastFeatureDetector 클래스에서 FAST 검출기를 구현한다. 이 클래스를 사용하려면 코드에 features2d. hpp 헤더 파일을 인클루드해야 한다.

다음은 서로 다른 경계 값으로 FAST 방법을 사용해 코너를 검출하는 코드 예제를 제시한다. FASTDetector 코드 예제는 다음과 같다.

```cpp
#include "opencv2/core/core.hpp"
#include "opencv2/highgui/highgui.hpp"
#include "opencv2/imgproc/imgproc.hpp"
#include "opencv2/features2d/features2d.hpp"
#include <iostream>

using namespace std;
using namespace cv;

int main(int argc, char *argv[])
{
    // 원 영상을 불러온 후, 그레이스케일로 변환
    Mat in_img = imread("book.png");
    cvtColor( in_img, in_img, COLOR_BGR2GRAY );

    // 특징점 벡터 생성
    vector<KeyPoint> keypoints1, keypoints2;

    // 경계 값이 80과 100인 FAST 검출기
    FastFeatureDetector detector1(80);
    FastFeatureDetector detector2(100);

    // in_img에서 detector1과 detector2로 특징점 계산
    detector1.detect(in_img, keypoints1);
    detector2.detect(in_img, keypoints2);

    Mat out_img1, out_img2;

    // keypoints1과 keypoints2를 그리기
    drawKeypoints(in_img,keypoints1, out_img1, Scalar::all(-1),0);
    drawKeypoints(in_img,keypoints2, out_img2, Scalar::all(-1),0);

    // detector1과 detector2로 검출한 특징점 보여주기
    imshow( "out_img1", out_img1 );
    imshow( "out_img2", out_img2 );

    waitKey(0);
    return 0;
}
```

코드를 다음과 같이 설명한다. 이번 예제와 다음 예제에서 보통 다음과 같이 3단계를 수행한다.

1. 2D 특징 검출기를 생성한다.

2. 영상에서 특징을 검출한다.

3. 얻은 특징점을 그린다.

이번 예제의 `FastFeatureDetector(int threshold=1, bool nonmaxSuppression= true, type=FastFeatureDetector::TYPE_9_16)`은 경계 값, 비최대 억제non-local maximum suppression, 이웃 같은 검출기 파라미터가 정의된 함수다.

다음은 선택할 수 있는 이웃의 3개 타입이다.

- `FastFeatureDetector::TYPE_9_16`

- `FastFeatureDetector::TYPE_7_12`

- `FastFeatureDetector::TYPE_5_8`

이런 이웃 타입은 이웃의 개수(16, 12, 8)와 유효한 코너(특징점)로 고려해야 하는 인접한 화소의 총 개수(9, 7, 5)를 정의한다. 다음 그림에서 `TYPE_9_16`의 예를 볼 수 있다.

이번 코드에서 다음과 같이 경계 값을 80과 100으로 선택한 반면에, 나머지 파라미터는 nonmaxSupression=true와 type=FastFeatureDetctor::TYPE_9_16에서 알 수 있듯이 기본 값을 갖는다.

```
FastFeatureDetector detector1(80);
FastFeatureDetector detector2(100);
```

void detect(const Mat& image, vector<KeyPoint>& keypoints, const Mat& mask=Mat()) 함수를 사용해 특징점을 검출하고 저장한다. 이 경우에는 다음 2개의 FAST 특징 검출기를 생성한다.

- detector1은 검출한 특징점을 keypoints1 벡터에 저장한다.
- detector2는 검출한 특징점을 keypoints2 벡터에 저장한다.

void drawKeypoints(const Mat& image, const vector<KeyPoint>& keypoints, Mat& outImage, const Scalar& color=Scalar::all(-1), int flags=DrawMatchesFlags::DEFAULT) 함수는 영상에 특징점을 그린다. color 파라미터는 특징점의 컬러 정의를 허용하며, Scalar::all(-1) 옵션을 이용하면 각 점을 서로 다른 컬러로 그린다.

두 경계 값을 사용해 특징점을 영상에 그린다. 검출된 특징점 개수에서 작은 차이가 있음을 느낄 것이다. 이것은 각 경우의 경계 값에 기인한다. 다음 그림의 예제에서는 경계 값을 80으로 지정하면 검출된 코너를 보여주는 반면에, 경계 값이 100이면 검출되지 않는다.

▲ 80으로 지정한 경계 값을 이용해 검출된 특징점(왼쪽),
100으로 지정한 경계 값을 이용하면 동일한 코너가 검출되지 않음(오른쪽)

이 차이점은 기본 타입, 즉 `TYPE_9_16`으로 FAST 특징 검출기를 생성했다는 사실에 기인한다. 이번 예제에서 p 화소가 228인 값을 취하면 최소한 9개의 인접 화소는 p+T보다 더 밝거나 p-T보다 더 어두워야 한다. 다음 그림은 특정 특징점에서 이웃 화소 값을 보여준다. 경계 값을 80으로 사용한다면 9개의 인접 화소 조건을 만족한다. 하지만 경계 값이 100이라면 이 조건을 만족할 수 없다.

50	70	131	121	131	130	134
49	71	175	191	132	135	134
49	70	177	223	219	160	139
50	72	170	288	225	221	214
53	70	131	180	224	223	225
55	74	118	149	153	209	228
57	82	108	154	151	146	174

▲ 80인 경계 값을 이용하면 특징점 화소 값과 인접 화소는 모두 p−T(228−80=144)보다 더 어둡다.

SURF 검출기

SURF_{Speeded Up Robust Features} 검출기는 관심점을 찾기 위한 헤시안 행렬에 기반을 둔다. 이 목적을 위해 SURF는 2차 가우시안 커널을 사용해 서로 다른 스케일(레벨과 옥타브)에서 영상을 나누며, 단순 박스 필터_{box filter}를 이용해 이런 커널을 근사화한다. 이 박스 필터는 스케일에 불변한 속성을 갖는 검출기를 제공하기 위해 스케일과 공간에서 주로 보간된다. SURF는 고전적인 SIFT_{Scale Invariant Feature Transform} 검출기의 더 빠른 근사다. SURF와 SIFT에 모두 특허가 걸려 있기 때문에 OpenCV는 nonfree/nonfree.hpp 헤더 파일로 분리해 포함시켰다.

다음 SURFDetector 코드는 각각 다른 가우시안 피라미드 옥타브의 개수를 갖는 SURF 검출기를 이용해 특징점을 검출하는 예를 보여준다.

```
//... (간략화를 위해 생략)
#include "opencv2/nonfree/nonfree.hpp"

int main(int argc, char *argv[])
{
    // 영상을 불러온 후, 그래이스케일로 변환(간략화를 위해 생략)

    // 특징점 벡터 생성
    vector<KeyPoint> keypoints1,keypoints2;

    // 각각 가우시안 피라미드 옥타브가 2와 5인 SURF detector1과 detector2
    SurfFeatureDetector detector1(3500, 2, 2, false, false);
    SurfFeatureDetector detector2(3500, 5, 2, false, false);

    // in_img에서 detector1과 detector2로 특징점 계산
    detector1.detect(in_img, keypoints1);
    detector2.detect(in_img, keypoints2);

    Mat out_img1, out_img2;
```

```
// keypoints1과 keypoints2를 그리기
drawKeypoints(in_img,keypoints1, out_img1, Scalar::all(-1),
    DrawMatchesFlags::DRAW_RICH_KEYPOINTS);
drawKeypoints(in_img,keypoints2, out_img2, Scalar::all(-1),
    DrawMatchesFlags::DRAW_RICH_KEYPOINTS);

// 2개의 최종 영상을 보여주기 (간략화를 위해 생략)
return 0;
}
```

 앞 예제(그리고 다음 예제)에서 간략화를 위해 코드의 일부 내용을 되풀이하지 않는데, 이전 예제와 그 내용이 동일하기 때문이다.

여기서 코드를 설명한다. `SurfFeatureDetector(double hessianThreshold, int nOctaves, int nOctaveLayers, bool extended, bool upright)`는 SURF 검출기 생성에 사용되는 주요 함수이며, SURF 검출기의 파라미터 값을 정의할 수 있다. 예로 헤시안 경계 값, 가우시안 피라미드 옥타브의 개수, 가우시안 피라미드의 각 옥타브 내 영상 개수, 기술자의 요소 개수, 각 특징의 방향을 들 수 있다.

높은 경계 값은 특징점을 덜 추출하지만 더 정확한 반면에, 낮은 경계 값은 특징점을 많이 추출하지만 덜 정확하다. 이번 경우에는 영상의 감소된 특징점 개수를 보여주기 위해 큰 헤시안 경계 값(3500)을 사용했으며, 각 영상에 대한 옥타브 개수도 변경한다(각각 2와 5). 옥타브 개수가 더 많을수록 더 큰 크기를 갖는 특징점을 선택한다. 다음 그림은 이런 결과를 보여준다.

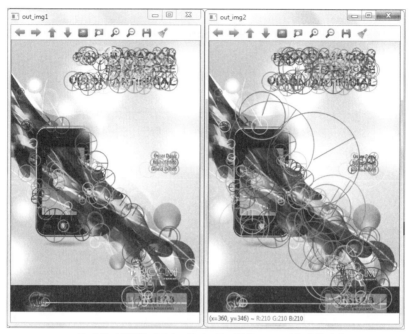

▲ 두 개의 가우시안 피라미드 옥타브를 이용한 SURF 검출기(왼쪽)와
다섯 개의 가우시안 피라미드 옥타브를 이용한 SURF 검출기(오른쪽)

다시 말하자면 검출된 특징점을 그리는 drawKeypoints 함수를 사용하지만, 이번 경우에는 SURF 검출기가 방향성 속성을 가졌기 때문에 DrawMatchesFlags 파라미터를 DRAW_RICH_KEYPOINTS로 정의했다. 결국 drawKeypoints 함수는 크기와 방향이 함께 있는 각 특징점을 그린다.

ORB 검출기

BRIEF Binary Robust Independent Elementary Features는 이진 문자열에 기반을 둔 기술자이며, 관심점을 찾지 않는다. ORB Oriented FAST and Rotated BRIEF 검출기는 FAST 검출기와 BRIEF 검출기의 조합이며, 특허가 걸린 SIFT와 SURF 검출기의 대안으로 고려된다. ORB 검출기는 관심점을 검출하는 피라미드를 이용해 FAST

검출기를 사용한 후, 특징을 순서화해 최적 특징을 유지하는 HARRIS 알고리즘을 사용한다. 물론 OpenCV는 특징을 순서화하는 FAST 알고리즘 사용을 허용하지만, 일반적으로 덜 안정적인 특징점을 만든다. 다음 ORBDetector 코드는 두 차이점에 관한 간단하면서도 명쾌한 예제를 보여준다.

```cpp
int main(int argc, char *argv[])
{
    // 영상을 불러온 후, 그레이스케일로 변환 (간략화를 위해 생략)

    // 특징점 벡터 생성
    vector<KeyPoint> keypoints1,keypoints2;

    // 특징을 순서화하는 FAST(detector1) 점수와 HARRIS(detector2) 점수를
    // 이용한 ORB 검출기
    OrbFeatureDetector detector1(300, 1.1f, 2, 31,0, 2,
        ORB::FAST_SCORE, 31);
    OrbFeatureDetector detector2(300, 1.1f, 2, 31,0, 2,
        ORB::HARRIS_SCORE, 31);

    // in_img에서 detector1과 detector2를 이용해 특징점 계산
    detector1.detect(in_img, keypoints1);
    detector2.detect(in_img, keypoints2);

    Mat out_img1, out_img2;

    // keypoints1과 keypoints2를 그리기
    drawKeypoints(in_img,keypoints1,out_img1,Scalar::all(-1),
        DrawMatchesFlags::DEFAULT);
    drawKeypoints(in_img,keypoints2,out_img2,Scalar::all(-1),
        DrawMatchesFlags::DEFAULT);

    // 2개의 최종 영상을 보여주기 (간략화를 위해 생략)
    return 0;
}
```

▲ 300개의 최적 특징을 선택하는 FAST 알고리즘을 이용한 ORB 검출기(왼쪽)와
300개의 최적 특징을 선택하는 HARRIS 검출기를 이용한 ORB 검출기(오른쪽)

여기서 코드를 설명한다. OrbFeatureDetector(int nfeatures=500, float scaleFactor=1.2f, int nlevels=8, int edgeThreshold=31, int firstLevel=0, int WTA_K=2, int scoreType=ORB::HARRIS_SCORE, int patchSize=31) 함수는 클래스 생성자이며, 스케일을 유지하기 위한 최대 개수, 레벨 개수와 특징 순서화에 사용되는 검출기 타입(HARRIS_SCORE 또는 FAST_SCORE)을 지정할 수 있다.

다음과 같이 제안한 코드 예제는 특징을 순서화하는 HARRIS와 FAST 알고리즘의 차이점을 보여주며, 결과를 앞 그림에 제시한다.

```
OrbFeatureDetector detector1(300, 1.1f, 2, 31,0, 2,
    ORB::FAST_SCORE, 31);
OrbFeatureDetector detector2(300, 1.1f, 2, 31,0, 2,
    ORB::HARRIS_SCORE, 31);
```

특징을 순서화하는 HARRIS 코너 검출기는 FAST보다 더 많이 사용되는데, 에지를 배제할 뿐만 아니라 합리적인 점수를 제공하기 때문이다. `main()` 함수의 나머지인 특징점 검출과 그리기는 이전 검출기 예제와 동일하다.

KAZA 검출기와 AKAZE 검출기

KAZE와 AKAZE 검출기는 곧 나올 OpenCV 3.0에 포함될 예정이다.

 OpenCV 3.0을 아직까지는 활용할 수 없다. 다시 말하지만 이 예제 코드를 테스트하고 KAZE와 AKAZE 특징을 사용하려면, http://code.opencv.org/projects/opencv/ repository에 있는 OpenCV 깃 저장소에서 이미 사용 가능한 최신 버전을 이용해 작업할 수 있다.[1]

KAZE 검출기는 비선형 스케일 공간에서 2D 특징을 검출할 수 있는 방법이다. 이 방법은 영상의 중요한 세부사항을 보존하고 잡음을 제거해준다. AOS_{Additive Operator Splitting} 체계는 비선형 스케일 공간에 사용된다. AOS 체계는 효율적이고, 안정적이며, 병렬적이다. 이 알고리즘은 특징점을 검출하기 위해 다중 스케일 레벨에서 헤시안 행렬의 응답을 계산한다. 반면 AKAZE_{Accelerated-KAZE} 특징 검출기는 비선형 스케일 공간을 구축하는 빠르고 명시적인 확산을 사용한다.

다음으로는 KAZEDetector 코드에서 새로운 KAZE와 AKAZE 특징 검출기의 예제를 볼 수 있다.

```
int main(int argc, char *argv[])
{
    // 영상을 불러온 후, 그레이스케일로 변환 (간략화를 위해 생략)
```

---

1 번역 당시의 OpenCV의 최신 버전은 2014년 11월 11일에 릴리스된 3.0 beta이다. 참고로 KAZE와 AKAZE가 포함된 버전은 2014년 8월 24일에 릴리스된 3.0 alpha다. 아무튼 현재는 OpenCV 3.0 최신 버전을 활용할 수 있으므로 깃 저장소에서 다운로드해 테스트할 필요가 없다. – 옮긴이.

```
        // 특징점 벡터 생성
        vector<KeyPoint> keypoints1, keypoints2;

        // KAZE 검출기와 AKAZE 검출기 생성
        KAZE detector1(true, true);
        AKAZE detector2(cv::AKAZE::DESCRIPTOR_KAZE_UPRIGHT, 0, 3);

        // in_img에서 detector1과 detector2를 이용해 특징점 계산
        detector1.detect(in_img, keypoints1);
        detector2.detect(in_img, keypoints2, cv::Mat());

        Mat out_img1, out_img2;

        // keypoints1과 keypoints2를 그리기
        drawKeypoints(in_img,keypoints1, out_img1, Scalar::all(-1),
            DrawMatchesFlags::DRAW_RICH_KEYPOINTS);
        drawKeypoints(in_img,keypoints2, out_img2, Scalar::all(-1),
            DrawMatchesFlags::DRAW_RICH_KEYPOINTS);

        // 2개의 최종 영상을 보여주기 (간략화를 위해 생략)
        return 0;
    }
```

KAZE::KAZE(bool extended, bool upright) 함수는 KAZE 클래스 생성자이며, 두 파라미터인 extended와 upright를 선택할 수 있다. extended 파라미터는 64개나 128개의 기술자 중 하나를 선택하는 옵션을 추가하는 반면에, upright 파라미터는 회전과 불변하지 않음 중 하나를 선택하는 것을 허용한다. 이번 경우에는 두 파라미터를 true로 설정한다.

한편으로, AKAZE::AKAZE(DESCRIPTOR_TYPE descriptor_type, int descriptor_size=0, int descriptor_channels=3) 함수는 AKAZE 클래스 생성자다. 이 함수는 기술자 타입, 기술자 크기, 채널을 입력 인자로 얻는다. 기술자 타입인 경우 다음과 같은 열거형이 적용된다.

```
enum DESCRIPTOR_TYPE {DESCRIPTOR_KAZE_UPRIGHT = 2, DESCRIPTOR_KAZE
    = 3, DESCRIPTOR_MLDB_UPRIGHT = 4, DESCRIPTOR_MLDB = 5 };
```

다음 그림은 예제로 얻은 결과를 보여준다.

▲ KAZE 검출기(왼쪽)와 AKAZE 검출기(오른쪽)

에우겐 카베드첸야(Eugene Khvedchenya)의 'Computer Vision Talks' 블로그는 서로 다른 특징점을 강건성과 효율성 면에서 비교한 유용한 보고서를 제공한다. http://computer-vision-talks.com/articles/2012-08-18-a-battle-of-three-descriptors-surf-freak-and-brisk/와 http://computer-vision-talks.com/articles/2011-07-13-comparison-of-the-opencv-feature-detection-algorithms/의 글을 참고하자.

특징 기술자 추출기

지역 영상 영역을 기술하는 기술자는 회전, 크기나 이동 같은 영상 변환에 불변한다. 그리고 관심점 주변의 작은 패치$_{patch}$[2]에 대한 측정과 거리 함수를 제공한다. 따라서 두 영상 패치 간의 유사도 추정이 필요할 때마다 기술자를 계산한 후 거리를 측정한다. OpenCV에서 기술자 모음을 표현하기 위해 기본 Mat 타입을 사용하며 각 행은 특징점 기술자다.

특징 기술자 추출기를 사용하기 위한 두 가지 가능성은 다음과 같다.

● DescriptorExtractor 공통 인터페이스

● 알고리즘 클래스를 직접 사용

(5장에서 사용하는 기술자를 굵은 테두리선으로 표현한 다음 그림을 참고하자.)

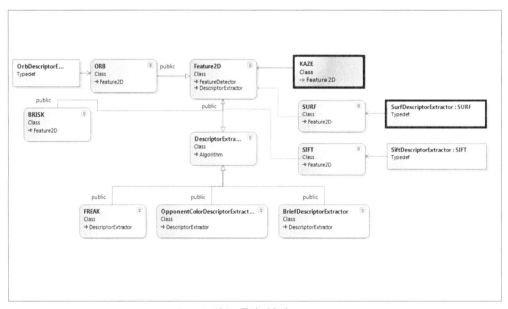

▲ OpenCV의 2D 특징 기술자

---

2 패치는 영상의 일부로서 단순한 사각형 모양으로 생각하면 되며, 조각으로 표현하기도 한다. 패치를 사용하는 좋은 예로는 질의 영상의 패치가 Q일 때 영상 데이터베이스에서 Q를 포함하는 영상을 검색하는 것을 들 수 있다. 이런 경우 패치 단위로 처리한다고 말할 수 있다. - 옮긴이

서로 다른 알고리즘 간의 전환을 쉽게 해주는 공통 인터페이스는 문제를 해결하기 위해 알고리즘을 선택할 때 매우 유용하며, 특별한 수고 없이도 각 알고리즘의 결과를 비교할 수 있다. 한편으로는 알고리즘에 따라 해당 알고리즘 클래스만을 사용하는 경우에 수정될 수 있는 여러 가지 파라미터가 있다.

`Ptr<DescriptorExtractor> DescriptorExtractor::create(const String& descriptorExtractorType)` 함수는 선택된 타입의 새로운 기술자 추출기를 생성한다. 기술자는 두 계열인 부동소수점과 이진으로 묶을 수 있다. 부동소수점 기술자는 부동소수점 값을 벡터에 저장하며, 높은 메모리 사용량으로 이어질 수 있다. 반면에 이진 기술자는 이진 문자열을 저장하므로 처리 시간을 더 빠르게 하면서 메모리 점유가 줄어들게 해준다. 현재 구현은 다음과 같은 타입을 지원한다.

- SIFT: 이 구현은 부동소수점 기술자를 지원함

- SURF: 이 구현은 부동소수점 기술자를 지원함

- BRIEF: 이 구현은 이진 기술자를 지원함

- BRISK: 이 구현은 이진 기술자를 지원함

- ORB: 이 구현은 이진 기술자를 지원함

- FREAK: 이 구현은 이진 기술자를 지원함

- KAZE: 이 구현은 이진 기술자를 지원함(OpenCV 3.0의 신규 기능)

- AKAZE: 이 구현은 이진 기술자를 지원함(OpenCV 3.0의 신규 기능)

`DescriptorExtractor`의 다른 중요한 함수인 `void DescriptorExtractor::compute(InputArray image, vector<KeyPoint>& keypoints, OutputArray descriptors)` 함수는 이전 단계에 영상에서 검출된 특징점 집합에 대한 기술자를 계산하며, 영상 집합을 받는 함수의 변종이다.

다른 알고리즘으로부터 특징 검출기와 기술자 추출기를 혼합할 수 있음에 주목하자. 하지만 동일한 알고리즘으로부터 두 방법을 사용할 것을 권장하는데, 함께라면 더 잘 맞기 때문이다.

기술자 정합기

`DescriptorMatcher`는 특징점 기술자를 정합하기 위한 추상 기저 클래스이며, 프로그램이 정합기를 직접 사용하는 것보다 더 유연하게 만든다. `Ptr<DescriptorMatcher> DescriptorMatcher::create(const string& descriptorMatcherType)` 함수와 함께 사용하면, 원하는 타입의 기술자 정합기를 생성할 수 있다. 다음은 지원하는 타입이다.

- BruteForce-L1: 부동소수점 기술자에 사용된다. L1 거리를 쓰며 효율적이고 빠르다.

- BruteForce: 부동소수점 기술자에 사용된다. L2 거리를 쓰며 L1보다 더 좋지만 많은 CPU 사용량이 필요하다.

- BurteForce-SL2: 부동소수점 기술자에 사용되며, L2의 제곱근 계산을 피하지만 많은 CPU 사용량이 필요하다.

- BruteForce-Hamming: 이진 기술자에 사용되며, 비교된 기술자 간의 해밍 거리를 계산한다.

- BruteForce-Hamming(2): 이진 기술자에 사용된다(2비트 버전).

- FlannBased: 부동소수점 기술자에 사용되며, 미리 계산하는 가속 구조(DB 엔진처럼)로 인해 메모리 사용의 비용 측면에서 브루트 포스[3]보다 더 빠르다.

---

3 브루트 포스(brute force)는 정합 알고리즘 중 하나다. 예를 들어 원본 텍스트가 AAABBBCCC이고, 비교할 대상 텍스트는 ABB라고 가정하자. 원본 텍스트의 첫 글자인 A와 정합하면 여기서 다음 글자를 정합 시도한다. 중간에 정합하지 않으면 다시 원래대로 돌아가 원본 텍스트의 두 번째 글자인 A와 비교 대상 텍스트의 첫 번째 글자인 A를 비교하기 시작한다. 결국 원본 텍스트의 세 번째인 A와 정합하는 부분을 발견한다. - 옮긴이

```
void DescriptorMatcher::match(InputArray queryDescriptors,
InputArray trainDescriptors, vector<DMatch>& matches,
InputArray mask=noArray())
```
와 `void DescriptorMatcher::knnMatch(InputArray queryDescriptors, InputArray trainDescriptors, ector<vector<DMatch>>& matches, int k, InputArray mask=noArray(), bool compactResult=false)` 함수는 각 기술자에 대한 최적 K개의 정합을 제공하며, 첫 번째 함수인 경우 K는 1이다.

`void DescriptorMatcher::radiusMatch(InputArray queryDescriptors, InputArray trainDescriptors, vector<vector<DMatch>>& matches, float maxDistance, InputArray mask=noArray(), bool compactResult=false)` 함수도 각 질의 기술자에 대한 정합을 찾지만, 지정한 거리보다 더 멀어지지 않는다. 이 메소드의 주요 결점은 거리의 강도는 정규화되지 않는다는 점이며, 사용 중인 특징 추출기와 기술자에 달려 있다.

 최적 결과를 얻으려면 정합기를 동일한 타입의 기술자와 함께 사용하길 권장한다. 이진 기술자를 부동소수점 정합기와 혼합하는 것이 가능할지라도 정반대로 결과가 부정확할 수도 있다.

SURF 기술자 정합

SURF 기술자는 방향성이 있는 기울기 기술자 계열에 속한다. 패치에 존재하는 기하학적 모양에 관한 통계 지식을 부호화한다(방향성이 있는 기울기의 히스토그램/유사 하르 특징을 통해). SURF 기술자는 SIFT에 대한 더 효율적인 대체재로 고려될 수 있다. SURF 기술자는 잘 알려진 다중 스케일 특징 기술 방식이며, 정확도를 폭넓게 검증했다. 하지만 다음과 같은 두 가지 주요 결점이 있다.

- SURF 기술자에 특허가 걸려 있다.

- SURF 기술자는 이진 기술자보다 더 느리다.

앞서 4장에서 설명했던 방법을 사용하는 모든 기술자 정합 적용에서는 공통적인 일련의 과정이 존재한다.

1. 두 영상에서 관심점을 계산한다.

2. 생성된 두 관심점 집합으로부터 기술자를 추출한다.

3. 기술자 간의 연결을 찾기 위해 정합기를 사용한다.

4. 나쁜 정합을 제거하기 위해 결과를 필터링한다.

다음 코드는 이런 과정을 따르는 matchingSURF 예제다.

```cpp
#include <iostream>
#include "opencv2/core/core.hpp"
#include "opencv2/highgui/highgui.hpp"
#include "opencv2/nonfree/nonfree.hpp"

using namespace std;
using namespace cv;

int main( int argc, char** argv )
{
    Mat img_orig = imread( argv[1], IMREAD_GRAYSCALE);
    Mat img_fragment = imread( argv[2], IMREAD_GRAYSCALE);
    if(img_orig.empty() || img_fragment.empty())
    {
        cerr << " Failed to load images." << endl;
        return -1;
    }

    // 1단계: SURF 검출기를 이용해 특징점 검출
    vector<KeyPoint> keypoints1, keypoints2;
    Ptr<FeatureDetector> detector = FeatureDetector::create("SURF");
```

```
detector->detect(img_orig, keypoints1);
detector->detect(img_fragment, keypoints2);

// 2단계: SURF 추출기를 이용해 기술자 계산
Ptr<DescriptorExtractor> extractor =
    DescriptorExtractor::create("SURF");

Mat descriptors1, descriptors2;
extractor->compute(img_orig, keypoints1, descriptors1);
extractor->compute(img_fragment, keypoints2, descriptors2);

// 3단계: FlannBased 정합기를 사용해 기술자 정합
Ptr<DescriptorMatcher> matcher =
    DescriptorMatcher::create("FlannBased");

vector<DMatch> matches12;
vector<DMatch> matches21;
vector<DMatch> good_matches;

matcher->match(descriptors1, descriptors2, matches12);
matcher->match(descriptors2, descriptors1, matches21);

// 4단계: 교차 확인(cross-checking)을 이용한 결과 필터링
for( size_t i = 0; i < matches12.size(); i++ )
{
    DMatch forward = matches12[i];
    DMatch backward = matches21[forward.trainIdx];
    if( backward.trainIdx == forward.queryIdx )
        good_matches.push_back( forward );
}

// 결과를 그리기
Mat img_result_matches;
drawMatches(img_orig, keypoints1, img_fragment, keypoints2,
    good_matches, img_result_matches);
imshow("Matching SURF Descriptors", img_result_matches);

waitKey(0);
return 0;
}
```

여기서 코드를 설명한다. 이미 기술했듯이 다음과 같은 일련의 적용 과정은 이런 단계를 수행함을 시사한다.

1. 수행해야 하는 첫 단계는 입력 영상에서 관심점을 추출하는 것이다. 이번 예제에서 `Ptr<FeatureDetector> detector = FeatureDetector::create("SURF")` 행으로 SURF 검출기 생성에 공통 인터페이스를 사용한다.

2. 관심점을 검출한 후, `Ptr<DescriptorExtractor> extractor = DescriptorExtractor::create("SURF")`의 공통 인터페이스를 사용해 기술자 추출기를 생성한다. SURF 알고리즘도 기술자 계산에 사용된다.

3. 다음 단계는 두 영상의 기술자를 정합한다. 이 목적을 위해 역시 공통 인터페이스를 사용해 기술자 정합기를 생성한다. `Ptr<DescriptorMatcher> matcher = DescriptorMatcher::create("FlannBased")` 행에서 플랜Flann 알고리즘에 기반을 둔 새로운 정합기를 생성하며, 다음과 같은 방식으로 기술자 정합에 사용된다.

   ```
   matcher->match(descriptors1, descriptors2, matches12)
   ```

4. 마지막으로 결과를 필터링한다. 두 정합 집합을 계산한 후, 나중에 교차 확인 필터를 수행한다. 이 필터링은 질의인 입력 영상과 학습 영상을 이용해 두 집합에 나타나는 정합만 저장한다. 다음 그림에서 정합을 버리려고 필터를 사용했을 때의 차이점을 확인할 수 있다.

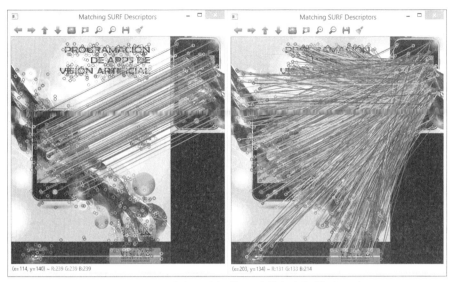

▲ SURF 기술자를 정합한 결과에 대한 교차 확인 필터 적용 유무 비교

AZKAE 기술자 정합

KAZE와 AKAZE는 곧 나올 OpenCV 3.0에 포함된 새로운 기술자다. 공개된 테스트에 따르면 둘 다 일반적인 2D 영상 정합 적용을 위한 반복성과 차별성을 개선함으로써 OpenCV 라이브러리에 포함된 기존 검출기보다 더 나은 결과를 낸다. AKAZE는 비교 가능한 결과를 얻는 과정에서 KAZE보다 훨씬 더 빠르다. 따라서 애플리케이션에서 속도가 중요하다면 AKAZE를 사용해야 한다.

다음 matchingAKAZE 예제는 이 새로운 알고리즘의 기술자를 정합한다.

```
#include <iostream>
#include "opencv2/core/core.hpp"
#include "opencv2/features2d/features2d.hpp"
#include "opencv2/highgui/highgui.hpp"

using namespace cv;
using namespace std;
```

```cpp
int main( int argc, char** argv )
{
    Mat img_orig = imread( argv[1], IMREAD_GRAYSCALE );
    Mat img_cam = imread( argv[2], IMREAD_GRAYSCALE );
    if( !img_orig.data || !img_cam.data )
    {
        cerr << " Failed to load images." << endl;
        return -1;
    }

    // 1단계: AKAZE 검출기를 이용해 특징점 추출
    Ptr<FeatureDetector> detector = FeatureDetector::create("AKAZE");
    std::vector<KeyPoint> keypoints1, keypoints2;

    detector->detect( img_orig, keypoints1 );
    detector->detect( img_cam, keypoints2 );

    // 2단계: AKAZE 추출기를 이용해 기술자 계산
    Ptr<DescriptorExtractor> extractor =
        DescriptorExtractor::create("AKAZE");
    Mat descriptors1, descriptors2;

    extractor->compute( img_orig, keypoints1, descriptors1 );
    extractor->compute( img_cam, keypoints2, descriptors2 );

    // 3단계: 브루트 포스-해밍 정합기(BruteForce-Hamming Matcher)를 이용해
기술자 정합
    Ptr<DescriptorMatcher> matcher =
        DescriptorMatcher::create("BruteForce-Hamming");
    vector<vector<DMatch>> matches;
    vector<DMatch> good_matches;

    matcher.knnMatch(descriptors1, descriptors2, matches, 2);

    // 4단계: 비판정법(ratio-test)을 이용해 결과 필터링
    float ratioT = 0.6;
    for(int i = 0; i < (int) matches.size(); i++)
```

```
        {
            if((matches[i][0].distance < ratioT*(matches[i][1].distance))
               && ((int)matches[i].size()<=2 && (int) matches[i].size()>0))
            {
                good_matches.push_back(matches[i][0]);
            }
        }

        // 결과 그리기
        Mat img_result_matches;
        drawMatches(img_orig, keypoints1, img_cam, keypoints2,
            good_matches, img_result_matches);
        imshow("Matching AKAZE Descriptors", img_result_matches);

        waitKey(0);
        return 0;
    }
```

여기서 코드를 설명한다. 첫 두 단계는 이전 예제와 꽤 비슷하다. 공통 인터페이스를 통해 특징 추출기와 기술자 추출기를 생성한다. 생성자에 전달되는 문자열 파라미터만 변경하며, 이때 AKAZE 알고리즘을 사용한다.

 AKAZE가 이진 기술자인 관계로 브루트 포스 정합기는 이번에 해밍 거리를 사용한다.

Ptr<DescriptorMatcher> matcher = DescriptorMatcher::create ("BruteForce-Hamming")을 실행해 정합기를 생성한다. matcher. knnMatch(descriptors1, descriptors2, matches, 2)는 영상 기술자 간의 정합을 계산한다. 마지막 정수 파라미터를 언급함에 주목할 만한 가치가 있는데, 나중에 실행할 필터 처리에 필요하기 때문이다. 이 필터링은 비판정법이라고 부른다. 최적 일치의 적합도와 두 번째 최적 일치의 적합도를 계산한 후에 좋은 정합으로 간주하려면 해당 값이 특정 비율보다 더 높아야 하며, 여기서

값의 범위를 0과 1 사이로 설정할 수 있다. 만약에 비율이 0이 된다면 두 기술자 간의 관련성이 더 크다.

다음 그림은 회전된 책이 나타난 영상에서 책 표지를 정합한 결과를 보여준다.

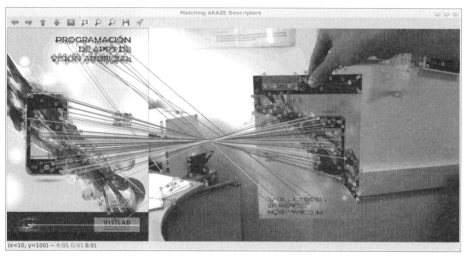

▲ 회전된 영상에서 AKAZE 기술자 정합

다음 그림은 두 번째 영상에 책이 없는 상태의 결과를 보여준다.

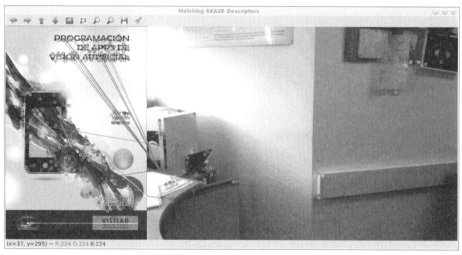

▲ 학습 영상이 나타나지 않았을 때의 AKAZE 기술자 정합

요약

5장에서는 널리 사용되는 OpenCV 컴포넌트를 다뤘다. 지역 특징은 객체 인식, 객체 추적, 영상 잇기, 카메라 교정 같은 관련 컴퓨터 비전 알고리즘의 핵심 부분이다. 이에 대한 소개와 더불어 여러 예제를 제공했으며, 서로 다른 알고리즘을 이용한 관심점 검출, 관심점으로부터 기술자 추출, 기술자 정합, 결과 필터링 등을 다뤘다.

참고사항

강력한 BoW_{Bag-of-Words} 객체 분류 프레임워크를 포함하지 않았다. BoW는 추출된 기술자를 군집화한 후, 분류 수행에 사용되므로 실제로 5장에서 다뤘던 내용의 추가 단계다. 완전한 예제는 [opencv_source_code]/samples/cpp/bagofwords_classification.cpp에서 찾을 수 있다.

6

객체 검출

6장은 OpenCV의 객체 검출 모듈에 포함된 각 옵션을 사용하는 방법을 설명한다. 포함된 예제 코드를 이용하면 캐스케이드cascade와 라텐트 SVM 검출기Latent SVM detector는 물론, 특정 객체 검출 애플리케이션을 위한 사용자 정의 캐스케이드를 생성할 수 있다. 덧붙여 6장에서는 OpenCV 3.0에 포함된 새로운 장면 텍스트 검출기Scene Text Detector를 설명한다.

객체 검출

객체 검출은 영상(비디오)에서 얼굴, 자동차, 보행자, 건물 같은 실세계 객체에 대한 특정 클래스의 인스턴스를 찾는 과정을 처리한다. 검출 알고리즘은 전형적으로 영상의 두 집합으로부터 특징feature을 추출하는 것부터 시작한다. 두 집합 중 한 집합은 원하는 객체가 있는 영상을 포함하고, 다른 집합은 찾은 객체가 존재하지 않는 배경 영상을 포함한다. 그런 후에 검출기는 객체 클래스의 미래 객체를 인식하기 위해 추출된 특징에 기반을 두고 학습된다.

 현재 일부 랩톱과 스마트폰에 적용된 지문 인식이나 대부분의 디지털 카메라에 탑재된 얼굴 검출 기능은 객체 검출 애플리케이션의 일상적인 사례다.

OpenCV로 객체 검출

OpenCV에는 objdetect 모듈에 구현된 많은 객체 검출 알고리즘이 들어 있다. 캐스케이드와 라텐트 SVM 검출기는 OpenCV 3.0에 추가된 새로운 장면 텍스트 검출기와 함께 이 objdetect 모듈에 구현돼 있다. 모든 객체 검출 알고리즘은 상대적으로 효율적이며, 정확한 결과를 얻는다.

캐스케이드는 아름답다

얼굴/사람 검출이나 의학에서의 병변 검출 같은 대부분의 객체 검출에 있어서 문제점은 많은 영상 패치에 있는 객체를 찾을 것을 요구한다는 것이다. 하지만 모든 영상 구역을 조사하고 각 구역마다 특징 집합feature set을 계산하는 것은 시간이 많이 걸리는 작업이다. 이와 관련해서 캐스케이드 검출기가 널리 사용되는데, 이런 작업을 수행하는 과정에서 높은 효율성을 보여주기 때문이다.

캐스케이드 검출기는 여러 가지 부스팅 단계boosting stage로 구성된다. 부스팅 알고리즘은 여러 약한 트리 분류기를 생성하고 조합하기 위해 최적 특징 집합을 선택한다. 따라서 부스팅은 검출기뿐만 아니라 특징 선택 방법이기도 하다. 각 단계는 보통 객체의 거의 100%를 올바르게 검출하되 배경 영상의 50%를 버리도록 학습된다. 따라서 영상의 더 많은 개수를 차지하는 배경 영상은 캐스케이드의 이른 단계에서 버려지기 때문에 처리 시간이 더 적어야 한다. 더욱이 종료하는 캐스케이드 단계는 이전의 단계보다 더 많은 특징을 사용하며, 이를 감안하더라도 객체와 복잡한 배경 영상을 평가하기엔 많은 시간이 필요하다.

이산 에이다부스트Discrete AdaBoost, 리얼 에이다부스트Real AdaBoost, 젠틀 에이다부스트Gentle AadaBoost, 로짓부스트LogitBoost는 모두 OpenCV에서 부스팅 단계로 구현돼 있다. 한편으로는 유사 하르Haar-like인 LBPLocal Binary Patterns와 HOGHistogram of Oriented Gradients 특징은 다른 부스팅 알고리즘과 함께 사용할 수 있다.

이런 모든 장점과 활용 가능한 기술은 실전 검출 애플리케이션 구축에 매우 유용한 캐스케이드를 만든다.

캐스케이드를 이용한 객체 검출

가장 흔한 검출 문제를 풀기 위한 특허가 걸린 여러 캐스케이드 검출기가 OpenCV에 딸려 있으며, OPEN_SRC\data 디렉터리 안에 위치한다. 그중 일부와 해당 부디렉터리 목록은 다음과 같다.

- haarscades 부디렉터리:
    - haarcascade_frontalface_default.xml
    - haarcascade_eye.xml
    - haarcascade_mcs_nose.xml
    - haarcascade_mcs_mouth.xml
    - haarcascade_upperbody.xml
    - haarcascade_lowerbody.xml
    - haarcascade_fullbody.xml

- lbcascades 부디렉터리:
  - lbpcascade_frontalface.xml
  - lbpcascade_profileface.xml
  - lbpcascade_silverware.xml
- hogcascades 부디렉터리:
  - hogcascade_pedestrians.xml

다음 pedstrainDetection 예제는 캐스케이드 검출기를 사용하는 방법과 비디오 파일에서 보행자를 찾는 방법에 대한 설명을 제공한다.

```cpp
#include "opencv2/core/core.hpp"
#include "opencv2/objdetect/objdetect.hpp"
#include "opencv2/highgui/highgui.hpp"
#include "opencv2/imgproc/imgproc.hpp"
#include <iostream>

using namespace std;
using namespace cv;

int main(int argc, char *argv[]){
    CascadeClassifier cascade(argv[1]);
    if (cascade.empty())
        return -1;

    VideoCapture vid(argv[2]);
    if (!vid.isOpened()){
        cout<<"Error. The video cannot be opened."<<endl;
        return -1;
    }

    namedWindow("Pedestrian Detection");
    Mat frame;

    while(1) {
        if (!vid.read(frame))
```

```
            break;

        Mat frame_gray;

        if(frame.channels()>1){
            cvtColor( frame, frame_gray, CV_BGR2GRAY );
            equalizeHist( frame_gray, frame_gray );
        } else {
            frame_gray = frame;
        }

        vector<Rect> pedestrians;

        cascade.detectMultiScale( frame_gray, pedestrians,
            1.1, 2, 0, Size(30, 30),
            Size(150, 150) );

        for( size_t i = 0; i < pedestrians.size(); i++ ) {
            Point center( pedestrians[i].x +
                pedestrians[i].width*0.5,
                pedestrians[i].y + pedestrians[i].height*0.5 );

            ellipse( frame, center,
                Size( pedestrians[i].width*0.5,
                pedestrians[i].height*0.5), 0, 0, 360,
                Scalar( 255, 0, 255 ), 4, 8, 0 );
        }

        imshow("Pedestrian Detection", frame);

        if(waitKey(100) >= 0)
            break;
    }

    return 0;
}
```

다음과 같이 코드를 설명한다.

- CascadeClassifier: 이 클래스는 캐스케이드로 작업할 때 필요한 모든 메소드를 제공한다. 이 클래스의 모든 객체는 학습된 캐스케이드 검출기를 나타낸다.

- constructor CascadeClassifier:: CascadeClassifier(const string& filename): 이 클래스는 객체 인스턴스를 초기화하고, filename 변수로 지정한 시스템 파일에 저장된 캐스케이드 검출기의 정보를 불러온다.

 bool CascadeClassifier::load(const string& filename) 메소드는 실제로 생성자 다음에 암시적으로 호출됨에 유의하자.

- bool CascadeClassifier::empty(): 이 메소드는 캐스케이드 검출기를 불러왔는지 확인한다.

- cvtColor와 equalizeHist: 두 메소드는 영상 그레이스케일 변환과 평활화에 필요하다. 캐스케이드 검출기는 그레이스케일 영상을 이용해 학습됐고 입력 영상이 다른 포맷일 수 있기 때문에, 입력 영상을 올바른 컬러 공간으로 변환하고 더 나은 결과를 얻기 위해 변환된 그레이스케일의 히스토그램을 평활화해야 한다. cvtColor와 equalizeHist 함수를 사용해 다음 코드로 처리한다.

```
Mat frame_gray;

if(frame.channels()>1){
    cvtColor( frame, frame_gray, CV_BGR2GRAY );
    equalizeHist( frame_gray, frame_gray );
} else {
    frame_gray = frame;
}
```

- void CascadeClassifier::detectMultiScale(const Mat& image, vector<Rect>& objects, double scaleFactor=1.1, int minNeighbors=3, int flags=0, Size minSize=Size(), Size maxSize=Size()): 이 메소드는 불러온 캐스케이드를 image 변수에 적용한 영상을 조사하며, objects에 모든 검출된 객체를 넣는다. 검출은 Rect 타입의 사각형 벡터에 저장된다. scaleFactor 파라미터는 고려된 각 영상 스케일에서 영상의 크기가 얼마나 줄었는지를 나타내고, minNeighbors 파라미터는 긍정 검출positive detection을 의미하는 이웃의 최소 개수다. minSize와 maxSize로 나타낸 최소 크기와 최대 크기로 검출을 제한한다. 마지막으로 opencv_traincascade로 생성한 캐스케이드를 이용한다면 flags 파라미터를 사용하지 않는다.

 검출된 객체를 저장하는 벡터를 얻은 후에는 이 벡터를 원 영상에 걸쳐 보여주는 것이 쉬운데, Rect 클래스의 객체로 표현된 각 사각형의 좌표를 읽은 후 해당 구역에 다각형을 그린다.

다음 그림은 사전 학습된 HOG 기반 보행자 검출기의 hogcascade_pedestrains.xml을 OPENCV_SRC\samples 디렉터리에 있는 768x576.avi 비디오의 프레임에 적용한 결과를 보여준다.

▲ OpenCV의 사전 학습된 HOG 캐스케이드 검출기를 이용한 보행자 검출

객체를 검출할 뿐만 아니라 객체 상태 구분을 포함한 다른 검출 관련 문제를 해결하는 여러 프로젝트와 OpenCV 커뮤니티에 기증한 검출기가 있다. 이 검출기 유형의 한 예로는 버전 2.4.4 이후의 OpenCV에 포함된 미소 검출기smile detector가 있다. 미소 검출기 코드는 OPENCV_SRC\samples\c\smiledetect.cpp에서 찾을 수 있으며, 캐스케이드 검출기를 저장한 XML 파일은 OPENCV_SRC\data\haarcascades.xml에서 찾을 수 있다. 이 코드는 haarcascade_frontalface_alt.xml에 저장된 사전 학습된 캐스케이드를 이용해 정면 얼굴을 먼저 검출한 후, 영상의 하단 부분에서 미소 짓는 입의 패턴을 검출한다. 마지막으로 미소의 명도는 검출된 이웃 개수에 기반을 두고 계산된다.

자신만의 캐스케이드 학습

OpenCV가 사전 학습된 캐스케이드를 제공할지라도, 어떤 경우에는 특정 객체를 찾기 위해 캐스케이드 검출기를 학습할 필요가 있다. 이런 경우에는 OpenCV에 딸린 캐스케이드 학습을 돕는 도구를 이용해 학습하는 동안에 필요한 모든 데이터와 검출기 정보가 들어 있는 최종 파일을 생성하며, OPENCV_BUILD\install\x64\mingw\bin 디렉터리에 저장된다. 몇몇 애플리케이션을 다음과 같이 나열한다.

- opencv_haartraining: 이 애플리케이션은 역사적으로 캐스케이드를 생성하는 애플리케이션의 첫 버전이다.
- opencv_traincascade: 이 애플리케이션은 캐스케이드를 생성하는 애플리케이션의 최신 버전이다.
- opencv_createsamples: 이 애플리케이션은 객체의 인스턴스를 포함한 영상을 이용한 .vec 파일 생성에 사용된다. 앞의 두 학습 실행 파일은 생성된 .vec 파일을 받는다.
- opencv_performance: 이 애플리케이션은 opencv_haartraining 도구를 이용해 학습된 캐스케이드 평가에 사용될 수도 있다. 예로 오검출false alarm이나 검출률detection rate 같은 평가에 관한 정보를 얻기 위해 표식된 영상의 집합을 사용한다.

opencv_haartraining은 프로그램의 구식 버전이기 때문에 opencv_traincascade에 비해 더 적은 기능을 제공하며, 후자를 지금부터 설명하겠다.

여기서는 MIT CBCL 얼굴 데이터베이스를 이용한 캐스케이드 학습 과정을 설명한다. 이 데이터베이스는 다음 그림과 같이 정리된 19×19화소의 전경과 배경 영상을 포함한다.

▲ 영상 파일 구성

이 절은 윈도우에서 학습 과정을 설명한다. 리눅스와 맥 OS X인 경우 과정은 비슷하지만 운영체제의 특정 측면을 고려해야 한다. 리눅스와 맥 OS X에서 캐스케이드 검출기 학습에 관한 자세한 정보는 각각 http://opencvuser.blogspot.co.uk/2011/08/creating-haarcascade-classifier-aka.html과 http://kaflurbaleen.blogspot.co.uk/2012/11/how-to-train-your-classifieron-mac.html에서 찾을 수 있다.

학습 과정은 다음과 같은 단계를 수반한다.

1. **현재 디렉터리 설정**: 명령 프롬프트 창에서 학습 영상이 있는 디렉터리를 현재 디렉터리로 설정한다. 예로 디렉터리가 C:\chapter6\images이면, 다음 명령어를 사용한다.

   ```
   >cd C:\chapter6\images
   ```

2. **배경 영상 정보 텍스트 파일 생성**: 배경 영상이 C:\chapter6\images\train\non-face에 있고 포맷이 .pgm이면, 다음 명령어를 사용해 OpenCV가 필요한 텍스트 파일을 생성할 수 있다.

   ```
   >for %i in (C:\chapter6\images\train\non-face\*.pgm) do @echo %i
   >> train_non-face.txt
   ```

   다음 그림은 배경 영상 정보 파일의 내용을 보여준다. 이 파일은 배경 영상의 경로를 포함한다.

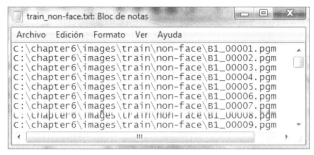

▲ 배경 영상 정보 파일

3. 객체 영상 파일 생성: 다음 두 단계를 수반한다.

1. 객체 좌표가 있는 .dat 파일을 생성한다. 이 특별한 데이터베이스에서 영상의 중심에 위치한 객체 영상은 객체의 한 인스턴스만 포함하며, 전체 영상을 차지하기 위해 스케일된다. 따라서 영상당 객체 개수는 1이고, 객체를 포함하는 사각형의 초기 위치와 너비, 높이인 객체 좌표는 0 0 19 19다.

객체 영상이 C:\chapter6\images\train\face에 있다면, 다음 명령어를 사용해 .dat 파일을 생성할 수 있다.

```
>for %i in (C:\chapter6\images\train\face\*.pgm) do @echo %i 1
0 0 19 19 >> train_face.dat
```

.dat 파일의 내용을 다음 그림에서 볼 수 있다.

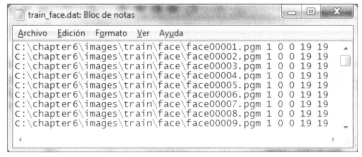

▲ 객체 영상 파일

2. 객체 좌표가 있는 .dat 파일을 생성한 후에 OpenCV가 필요한 .vec 파일을 생성해야 한다. opencv_createsamples 프로그램을 -info(.dat 파일), -vec(.vec 결과 파일명), -num(영상 개수), -w와 -h(결과 영상의 너비와 높이), -maxxangle, -maxyangle, -maxzangle(영상의 회전 각도) 인자와 함께 이용해 이 단계를 수행할 수 있다. 더 많은 옵션을 보려면 인자 없이 opencv_createsamples를 실행한다. .vec 파일을 생성하는 경우에 사용하는 명령어는 다음과 같다.

```
>opencv_createsamples -info train_face.dat -vec train_face.vec
-num 2429 -w 19 -h 19 -maxxangle 0 -maxyangle 0 -maxzangle 0
```

 OpenCV는 24 x 24화소 크기의 얼굴 영상이 있는 .vec 파일을 포함한다.

4. **캐스케이드 학습**: 마지막으로 opencv_traincascade 실행 파일을 사용해서 캐스케이드 검출기를 학습한다. 이 경우에 사용하는 명령어는 다음과 같다.

```
>opencv_traincascade -data C:\chapter6\trainedCascade -vec train_
face.vec -bg train_non-face.txt -numPos 242 -numNeg 454 -numStages
10 -w 19 -h 19
```

인자는 결과 디렉터리(-data), .vec 파일(-vec), 배경 정보 파일(-bg), 각 단계를 학습하기 위한 긍정 영상positive image 개수과 부정 영상negative image의 개수(-numPos와 -numNeg), 단계의 최대 개수(-numStage), 영상의 너비와 높이(-w와 -h)다.

학습 과정의 결과는 다음과 같다.

```
PARAMETERS:
cascadeDirName: C:\chapter6\trainedCascade
vecFileName: train_face.vec
bgFileName: train_non-face.txt
numPos: 242
```

numNeg: 454

numStages: 10

precalcValBufSize[Mb] : 256

precalcIdxBufSize[Mb] : 256

stageType: BOOST

featureType: HAAR

sampleWidth: 19

sampleHeight: 19

boostType: GAB

minHitRate: 0.995

maxFalseAlarmRate: 0.5

weightTrimRate: 0.95

maxDepth: 1

maxWeakCount: 100

mode: BASIC

===== TRAINING 0-stage =====

POS count : consumed 242 : 242

NEG count : acceptanceRatio 454 : 1

Precalculation time: 4.524

```
+----+---------+---------+
|  N |      HR |      FA |
+----+---------+---------+
|   1|        1|        1|
+----+---------+---------+
|   2|        1|        1|
+----+---------+---------+
|   3| 0.995868| 0.314978|
+----+---------+---------+
```

END>

Training until now has taken 0 days 0 hours 0 minutes 9 seconds.

. . . Stages 1, 2, 3, and 4 . . .

===== TRAINING 5-stage =====

POS count : consumed 242 : 247

NEG count : acceptanceRatio 454 : 0.000220059

Required leaf false alarm rate achieved. Branch training terminated.

최종적으로 결과 디렉터리에 캐스케이드의 XML 파일을 저장한다. 이 XML 파일은 cascade.xml, params.xml과 X가 단계 개수인 stageX.xml 파일이다.

라텐트 SVM

라텐트 SVM은 HOG 특징feature과 별 모양 구조, 루트 필터로 구성된 부분 기반 모델, 객체 범주를 나타내기 위한 부분 필터 집합을 사용하는 검출기다. HOG는 영상의 국소화된(영상에서 찾아낸) 부분에 있는 기울기 방향의 출현을 세서 얻은 특징 기술자다. 한편으로, 이 검출기는 부분적으로 레이블이 부여된 데이터를 이용해 모델을 학습하기 위해 지지 벡터 기계SVM, Support Vector Machine 분류기 유형을 사용한다. SVM의 기본 아이디어는 고차원 공간에서 초평면이나 초평면 집합을 구성하는 것이다. 가장 가까운 학습 데이터 점(낮은 일반화 오류를 달성하기 위한 기능적 범위)에 가장 먼 거리를 갖는 이런 초평면을 얻는다. 캐스케이드 검출기와 비슷한 라텐트 SVM은 객체 내부에 있을 때 검출하기 위해 알고리즘을 적용하는 서로 다른 위치와 스케일을 갖는 슬라이딩 윈도우sliding window[1]를 사용한다.

OpenCV 라텐트 SVM 구현의 장점 중 하나는 동일한 다중 객체 검출기 인스턴스 안에서 여러 가지 간단한 보행자 검출기와 조합해 여러 범주의 다중 객체를 검출할 수 있다는 점이다.

다음 latentDetection 예제는 영상에서 범주로부터 객체를 찾아내기 위해 라텐트 SVM 검출기를 사용하는 방법을 보여준다.

---

1 슬라이딩 윈도우는 영상에서 객체를 찾는 가장 기본적인 방법이며, 영상 안에서 윈도우를 일정한 간격으로 이동시키면서 윈도우 내용을 기준으로 찾으려는 객체인지 아닌지 판단한다. 여기서 서로 다른 스케일이란 예를 들어 쉽게 설명하면, 다양한 스케일의 영상(저해상도부터 고해상도까지)이 있는 영상 피라미드(image pyramid)를 생각하면 된다. 이때 객체의 스케일과 위치를 모르기 때문에 영상 피라미드를 대상으로 찾으려는 객체가 있는지 반복해서 조사한다. 이로 인해 처리 속도가 저하된다는 단점이 있으며, 이를 개선한 알고리즘 중에서 반복 과정을 최소화한 ESS(Efficient Subwindow Search) 방법을 들 수 있다. ESS에 관한 자세한 내용은 C. H. Lampert, M. M. Blaschko, T. Hofmann의 'Beyond Sliding Windows: Object Localization by Efficient Subwindow Search'(CVPR 2008)을 참고하자. – 옮긴이

```cpp
#include "opencv2/core/core.hpp"
#include "opencv2/objdetect/objdetect.hpp"
#include "opencv2/highgui/highgui.hpp"
#include <iostream>

using namespace std;
using namespace cv;

int main(int argc, char* argv[]){
    String model = argv[1];
    vector<String> models;
    models.push_back( model );
    vector<String> names;
    names.push_back( "category" );
    LatentSvmDetector detector( models , names);
    if( detector.empty() ) {
        cout << "Model cannot be loaded" << endl;
        return -1;
    }

    String img = argv[2];
    Mat image = imread( img );
    if( image.empty() ){
        cout << "Image cannot be loaded" << endl;
        return -1;
    }

    vector<LatentSvmDetector::ObjectDetection> detections;
    detector.detect( image, detections, 0.1, 1);

    for( size_t i = 0; i < detections.size(); i++ ) {
        Point center( detections[i].rect.x +
                    detections[i].rect.width*0.5,
                    detections[i].rect.y +
                    detections[i].rect.height*0.5 );
        ellipse( image, center, Size( detections[i].rect.width*0.5,
                detections[i].rect.height*0.5), 0, 0, 360,
                Scalar( 255, 0, 255 ), 4, 8, 0 );
```

```
        }

    imshow( "result", image );
    waitKey(0);
    return 0;
}
```

다음과 같이 코드를 설명한다.

- LatentSvmDetector: 이 클래스는 하나 이상의 보행자 검출기와 조합한 라텐트 SVM 검출기를 나타내는 객체를 갖는다.

- constructor LatentSvmDetector::Lat entSvmDetector(const vector<Strin g>& filenames, const vector<string>& classNames=vector<String>()): 이 클래스는 객체 인스턴스를 초기화 하고, filenames 벡터에 있는 시스템 경로에 저장된 검출기의 정보를 불러온다. 두 번째 파라미터인 classNames 벡터는 범주 이름을 포함한다. bool LatentSvmDetector::load(const vector<string>& filenames, const vector<string>& classNames=vector<string>()) 메소드는 생성자 다음에 암시적으로 호출된다.

- void LatentSvmDetector::detect(const Mat& image, vector<ObjectDetection>& objectDetections, float overlapThreshold = 0.5f, int numThreads = -1): 이 메소드는 단순 검출자나 조합된 검출자를 영상에 적용해 image 변수인 영상을 조사하고, objectDetections에 모든 검출된 객체를 넣는다. 모든 검출은 ObjectDetection 구조체의 벡터에 저장된다. 이 구조체는 다음과 같이 3개의 변수를 갖는다.

  ○ 검출의 경계 상자(rect)
  ○ 신뢰 수준(score)
  ○ 범주 ID(classID)

overlapTrhesold 파라미터는 과도한 검출을 제거하기 위한 비최대 억제 알고리즘에 대한 경계 값이다. 마지막으로 numThread는 이 알고리즘의 병렬 버전에 사용되는 스레드 개수다.

다음 그림은 앞 코드로 cat.xml, cat.png 파일을 사용해 검출된 고양이와 car.xml과 cars.png를 이용해 검출된 자동차를 보여준다. OpenCV의 별도 데이터extra data에 포함된 이 파일들은 공식 저장소에서 찾을 수 있다. 따라서 다음 명령어로 프로그램을 실행할 수 있다.

```
>latentDetection.exe xmlfile imagefile
```

앞 명령어의 xmlfile은 라텐트 SVM 검출기이고 imagefile은 조사해야 하는 영상이다.

 OpenCV의 별도 데이터는 자신만의 프로젝트를 생성하고 테스트하기 위해 사용자가 활용할 수 있는 많은 예제와 테스트 파일을 제공하며, 시간을 절약한다. https://github.com/Itseez/opencv_extra에서 찾을 수 있다.

자동차와 고양이 검출기 외에 OpenCV는 http://pascallin.ecs.soton.ac.uk/challenges/VOC/voc2007/에서 정의된 종류의 나머지에 대해 사전 학습된 검출기를 제공한다. 이런 검출기는 다음과 같다.

- aeroplane.xml
- bicycle.xml
- bird.xml
- boat.xml
- bottle.xml
- bus.xml
- car.xml
- cat.xml

- chair.xml

- cow.xml

- diningtable.xml

- dog.xml

- horse.xml

- motorbike.xml

- person.xml

- pottedplant.xml

- sheep.xml

- sofa.xml

- train.xml

- tvmonitor.xml

▲ 라텐트 SVM을 이용해 고양이와 몇몇 자동차 검출

 overlapThreshold 파라미터 값 변경만으로 거짓 긍정률(false positive rate)을 조정할 수 있다.

장면 텍스트 검출

장면 텍스트 검출 알고리즘은 0부터 255까지의 단계별 경계화로 영상의 성분 트리를 구축한다. 결과를 개선하기 위해 각 컬러 채널, 명도, 기울기 강도 영상에 대해 이 과정을 수행한다. 그런 후에 연속적인 레벨로부터 얻은 연결 성분은 다음 그림에서 보듯이 포함 관계에 따라 계층적으로 구성된다. 이 트리 구성은 영역의 엄청나게 많은 개수를 포함할 수도 있다.

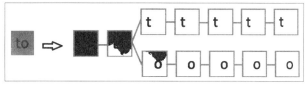

▲ 트리 구성 예제

따라서 이 알고리즘은 두 단계를 따라 몇몇 영역을 선택한다. 먼저 각 영역에 대해 계산된 영역, 둘레, 경계상자, 오일러 수Eluler number 기술자를 클래스 조건 확률을 추정하기 위해 사용한다. 급조건 확률 값이 전역 한계 이상이면 지역 최대치 확률을 갖는 외부 영역external region이 선택되며, 또한 지역 최대치와 지역 최소치 간의 차이가 높으면 지정된 한계 이상이다.

두 번째 단계는 첫 번째 단계에서 선택된 외부 영역을 문자와 비문자 클래스, 전체 영역비region rate, 블록 껍질 비율convex hull ratio, 특징feature인 외부 경계 변곡점outer boundary inflexion point의 개수를 사용해 분류하는 과정으로 구성된다.

마지막으로, 선택된 외부 영역을 단어, 선, 단락으로 그룹화한다. 알고리즘의 이 부분은 지각 구성 기반 군집 분석perceptual-organization-based clustering analysis 이다.

다음 textDetection 예제는 장면 텍스트 검출 알고리즘을 사용하는 과정과 영상에서 텍스트를 찾아내는 방법을 보여준다.

```cpp
#include "opencv2/opencv.hpp"
#include "opencv2/objdetect.hpp"
#include "opencv2/highgui.hpp"
#include "opencv2/imgproc.hpp"

#include <vector>
#include <iostream>
#include <iomanip>

using namespace std;
using namespace cv;

int main(int argc, const char * argv[]){

    Mat src = imread(argv[1]);

    vector<Mat> channels;
    computeNMChannels(src, channels);

    // RGB 채널로부터의 부정 영상
    channels.push_back(255-channels[0]);
    channels.push_back(255-channels[1]);
    channels.push_back(255-channels[2]);
    channels.push_back(255-channels[3]);

    for (int c = 0; c < channels.size(); c++){
        stringstream ss;
        ss << "Channel: " << c;
        imshow(ss.str(),channels.at(c));
    }

    Ptr<ERFilter> er_filter1 = createERFilterNM1(
                            loadClassifierNM1(argv[2]),
                            16, 0.00015f, 0.13f, 0.2f,
                            true, 0.1f );

    Ptr<ERFilter> er_filter2 = createERFilterNM2(
                            loadClassifierNM2(argv[3]),
                            0.5 );
```

```
vector<vector<ERStat> > regions(channels.size());

// 각 채널에 필터 적용
for (int c=0; c<(int)channels.size(); c++){
    er_filter1->run(channels[c], regions[c]);
    er_filter2->run(channels[c], regions[c]);
}

for (int c=0; c<(int)channels.size(); c++){
    Mat dst = Mat::zeros( channels[0].rows + 2,
                channels[0].cols + 2, CV_8UC1 );

  // 외부 영역 보여주기
    for (int r=0; r<(int)regions[c].size(); r++)
    {
        ERStat er = regions[c][r];
        if (er.parent != NULL){
            int newMaskVal = 255;
            int flags = 4 + (newMaskVal << 8) +
                        FLOODFILL_FIXED_RANGE +
                        FLOODFILL_MASK_ONLY;
            floodFill( channels[c], dst, Point(er.pixel %
                    channels[c].cols,er.pixel /
                    channels[c].cols), Scalar(255), 0,
                    Scalar(er.level), Scalar(0), flags);
        }
    }

    stringstream ss;
    ss << "Regions/Channel: " << c;
    imshow(ss.str(), dst);
}

vector<Rect> groups;
erGrouping( channels, regions, argv[4], 0.5, groups );

for (int i=(int)groups.size()-1; i>=0; i--)
{
    if (src.type() == CV_8UC3)
```

```
                rectangle( src,groups.at(i).tl(), groups.at(i).br(),
                    Scalar( 0, 255, 255 ), 3, 8 );
            else
                rectangle( src,groups.at(i).tl(), groups.at(i).br(),
                    Scalar( 255 ), 3, 8 );
        }

        imshow("grouping",src);
        waitKey(-1);

        er_filter1.release();
        er_filter2.release();
        regions.clear();
        groups.clear();
    }
```

다음과 같이 코드를 설명한다.

● void computeNMChannels(InputArray _src, OutputArrayOfArrays
  _channels, int _mode=ERFILTER_NM_RGBLGrad): 이 함수는 _src에서 영
  상으로부터 높은 지역화 재현율을 얻기 위해 독립적으로 처리되는 각 채
  널을 계산한다. 이 채널은 기본적으로 빨강(R), 초록(G), 파랑(B), 명도
  Lightness(L)와 기울기 강도gradient magnitude(∇)다(_mode=ERFILTER_NM_RGBLGrad).
  만약에 _mode=ERFILTER_NM_IHSGrad이면 명도Intensity(I), 색상Hue(H), 채도
  Saturation(S), 기울기 강도(∇)다. 마지막으로 계산된 채널은 _channels 파라
  미터에 저장된다.

● Ptr<ERFilter> createERFilterNM1(const Ptr<ERFilter::Callback>&
  cb, int thresholdDelta = 1, float minArea = 0.00025, float maxArea
  = 0.13, float minProbability = 0.4, bool nonMaxSuppression = true,
  float minProbabilityDiff = 0.1): 이 함수는 알고리즘이 정의한 첫 단
  계의 분류기를 위한 외부 영역 필터를 생성한다. 첫 번째 파라미터는
  loadClassifierNM1(const std::string& filename) 함수로 분류기를

불러온다. thresholdDelta 파라미터는 성분 트리 취득 과정 동안의 경계화 단계를 나타낸다. minArea와 maxArea 파라미터는 탐색된 외부 영역 간의 영상 크기에 대한 백분율을 설정한다. 분기 확률 이상으로 비최대 억제를 적용했을 때 bool nonMaxSupression 파라미터 값이 true이고, 아니라면 false다. 마지막으로 minProbability와 minProbailityDiff 확률은 외부 영역 탐색을 감안해 지역 최대치와 지역 최소치 간의 최대 확률 값과 최소 확률 값을 조절한다.

- Ptr<ERFilter> createERFilterNM2(const Ptr<ERFilter::Callback>& cb, float minProbability = 0.3): 이 함수는 알고리즘이 정의한 두 번째 단계의 분류기에 대한 외부 영역 필터다. 첫 번째 파라미터는 loadClassifierNM2(const std::string& filename)으로 분류기를 불러온다. 다른 파라미터인 minProbability는 외부 영역의 탐색을 허용하는 최소 확률이다.

- void ERFilter::run(InputArray image, std::vector<ERStat>& regions): 이 메소드는 첫 번째 레벨이나 두 번째 레벨 중 하나에서 외부 영역을 얻기 위해 필터로 불러온 캐스케이드 분류기를 적용한다. image 파라미터는 조사되어야 하는 채널이고, regions 파라미터는 첫 번째 단계의 결과가 있는 벡터이며 또한 두 번째 단계의 결과의 입력/결과다.

- void erGrouping(InputArrayOfArrays src, std::vector<std::vector<ERStat>>& regions, const std::string& filename, float minProbability, std::vector<Rect>& groups): 이 함수는 얻은 외부 영역을 그룹으로 묶는다. 추출된 채널(src), 각 채널로 얻은 외부 영역(region), 그룹화 분류기에 대한 경로와 묶은 그룹을 받아들이기 위한 최소 확률(minProbability)을 사용한다. Rect의 사각형인 최종 그룹은 groups 벡터에 저장된다.

다음 그림의 그룹은 얻은 영상 채널을 보여주며 빨강(R), 초록(G), 파랑(B), 명도(L), 기울기 강도(▽), 반전된 빨강(iR), 반전된 초록(iG), 반전된 파랑(iB), 반전된 명도(iL)가 있다. 첫 번째 줄에서 R, G, B를 보여준다. 두 번째 줄은 L, ▽, iR 채널을 보여주며, 세 번째 줄은 iG, iB, iL을 보여준다.

▲ 추출된 영상 채널

다음 그림의 그룹은 각 채널로부터 추출된 외부 영역을 볼 수 있음을 보여준다. R, G, B, L, ▽ 채널은 더 정확한 결과를 만든다. 첫 번째 줄에서 R, G, B로부터 추출된 외부 영역을 보여준다. 두 번째 줄은 I, ▽, iR 채널로부터 추출된 외부 영역을 보여준다. 마지막으로 세 번째 줄에서는 iG, iB, iL 채널로부터 추출된 외부 영역을 보여준다.

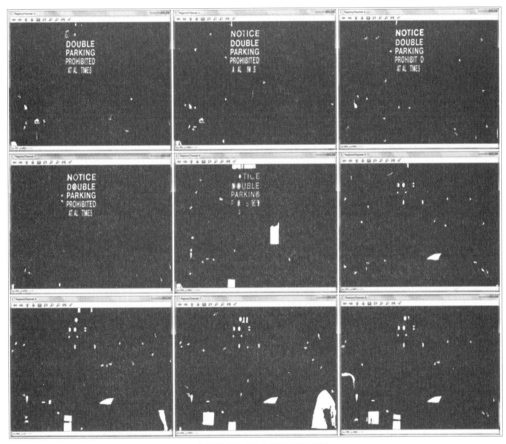

▲ 각 채널로부터 추출된 외부 영역

최종적으로 다음 그림은 텍스트 영역이 선과 단락으로 그룹화된 입력 영상을 보여준다.

▲ 얻은 그룹들

 앞 결과를 다시 만들거나 OpenCV의 장면 텍스트 검출기를 사용하려면 OpenCV 라이브러리가 제공하는 예제 파일의 코드를 활용할 수 있다. 입력 영상과 분류기는 OPENCV_SRC/sample/cpp 디렉터리에서 찾을 수 있다. 여기서 사용한 영상은 cenetext01.jpg다. 첫 번째 레벨 분류기와 두 번째 레벨 분류기는 trained_classifierNM1.xml과 trained_classifierNM2.xml이다. 마지막으로 OpenCV가 제공하는 그룹화 분류기는 trained_classifier_erGrouping.xml이다.

요약

6장은 OpenCV의 objdetect 모듈을 다룬다. 캐스케이드 검출기를 사용하고 학습하는 방법을 비롯해 라텐트 SVM 검출기를 사용하는 방법을 설명한다. 게다가 OpenCV 3에 포함된 새로운 장면 텍스트 검출기도 설명했다.

이어지는 7장에서는 모션을 검출하고 객체 추적 방법을 설명한다.

참고사항

캐스케이드 검출기는 얼굴 인식과 보행자 검출 같은 여러 애플리케이션에서 널리 사용됐는데, 이 검출기가 빠르고 좋은 결과를 제공하기 때문이다. 소프트 캐스케이드soft cascade는 고전적인 캐스케이드 검출기의 변종이다. 캐스케이드의 이 새로운 타입은 OpenCV 3의 softcascade 모듈에 구현돼 있다. 소프트 캐스케이드는 에이다부스트로 학습됐지만, 결과인 분류기는 한 단계만으로 구성된다. 이 단계는 차례대로 평가된 여러 약한 분류기를 갖는다. 각 약한 분류기를 평가한 후에, 해당하는 경계 값으로 결과를 비교한다. 다단계 캐스케이드에서 수행되는 평가 과정과 비슷하지만, 부정 비객체negative non-object 인스턴스를 가능한 한 빨리 버린다.

7

모션

7장에서는 비디오 프레임으로부터 추정된 모션과 관련된 다른 기술을 살펴본다. 이에 대한 소개를 짧게 하고 정의한 다음에 카메라로부터 캡처된 비디오 프레임을 읽는 방법을 보여준다. 그런 후에 아주 중요한 옵티컬 플로우Optical Flow 기술을 다룬다. 세 번째 절에서는 추적에 사용할 수 있는 각 함수를 보여준다. 모션 역사와 배경 차분 기술을 각각 네 번째 절과 다섯 번째 절에서 설명한다. 마지막으로 ECC 방법을 이용한 이미지 정렬image alignment을 설명한다. 깃허브에 있는 OpenCV 최신 버전으로 모든 예제를 개발하고 테스트했다. 대부분의 함수는 이전 버전과 동일하게 작동하며, 약간의 변경이 필요했던 부분을 논의한다.

 깃허브에서 활용할 수 있는 최신 소스 코드를 테스트하려면 https://github.com/itseez/opencv로 가서 OpenCV 라이브러리 코드를 ZIP 파일로 다운로드한다. 로컬 디렉터리에 압축을 푼 후, OpenCV 라이브러리를 컴파일하고 설치하기 위해 1장 '시작하기'에서 설명했던 동일한 단계를 따른다.

모션 역사

모션motion은 컴퓨터 비전에서 매우 중요한 주제다. 일단 관심 객체나 관심 사람을 검출하고 분리한 후에 위치, 속도, 가속도 등의 중요한 데이터를 추출할 수 있다. 이 정보는 동작 인식, 행위 패턴 연구, 비디오 안정화, 증강현실에 사용될 수 있다.

옵티컬 플로우 기술은 객체의 시운동apparent motion 패턴이다. 시각 장면 내 표면과 에지는 관찰자와 장면 간이나 카메라와 장면 간의 관련된 모션에 기인한다. 옵티컬 플로우의 개념은 컴퓨터 비전의 중심이며 모션 검출, 객체 분할, 시간 제어 변환, 확산점 계산, 휘도, 모션 보상 부호화, 스트레오 시차 측정 같은 기술/작업과 관련이 있다.

비디오 추적video tracking은 카메라나 파일로부터 캡처된 비디오를 사용해 시간의 흐름에서 움직이는 객체(또는 다중 객체)를 찾는 과정으로 구성된다. 비디오 추적의 목적은 연속적인 비디오 프레임에서 대상 객체와 연관시키는 데 있다. 그 용도가 다양하며, 그 일부를 살펴보면 비디오 편집, 의학 영상, 교통 제어, 증강현실, 비디오 통신과 압축, 보안과 감시, 인간-컴퓨터 상호작용 등이 있다.

모션 템플릿motion template은 1996년에 MIT 미디어 연구실의 보빅Bobick과 다비드David가 고안했다. 모션 템플릿의 쓰임새는 무척 간단하지만 일반적인 움직임을 추적하는 강건한 기술이다. OpenCV 모션 템플릿 함수는 단일 채널 영상에만 작동한다. 객체의 실루엣(혹은 실루엣 일부)이 필요하며, 서로 다른 방법으로 이 실루엣을 얻을 수 있다. 예로 관심 객체 검출에 사용되는 분할 기술을 사용한 후에 모션 템플릿으로 추적을 수행한다. 다른 선택사항은 전경 객체를 검출한 후 추적하는 배경 차분 기술을 사용하는 것이다. 물론 다른 기술이 있지만, 7장에서 배경 차분 기술을 사용하는 두 예제를 볼 수 있다.

배경 차분background subtraction은 다음 처리를 위해 추출하는 영상 전경이나 관심 영역, 예를 들어 사람, 자동차, 텍스트 등을 이용한 기술이다. 배경 차분 기술은 정지 카메라로부터 캡처된 비디오에서 움직이는 객체를 검출하기 위한 방식에 널리 사용된다. 배경 차분 기술의 본질은 현재 프레임과 대상 객체가 없는 참조 프레임 간의 차로부터 움직이는 객체를 추출함에 있으며, 참조 프레임은 보통 배경 영상이라고 불린다.

영상 정렬image alignment은 서로 다른 시점으로 찍은 두 개 이상의 영상 좌표계 간의 사상으로 볼 수 있다. 따라서 첫 단계에서 적절한 사상을 만들기에 적합한 기하학적 변환을 선택한다. 영상 정합, 객체 추적, 초고해상도, 이동 카메라에 의한 시각 감시 같은 폭넓은 애플리케이션에서 이 알고리즘을 사용할 수 있다.

비디오 시퀀스 읽기

비디오 시퀀스를 처리하려면 각 프레임을 읽을 수 있어야 한다. 비디오 파일이나 카메라 입력으로 작업할 수 있도록 개발된 사용하기 쉬운 프레임워크가 OpenCV에 있다.

다음 코드는 비디오 카메라로부터 캡처된 비디오를 이용해 작동하는 videoCamera 예제다. 이 예제는 1장 '시작하기'의 예제 수정본이며, 7장의 다른 예제를 위한 기본 구조로 사용한다.

```cpp
#include "opencv2/opencv.hpp"

using namespace std;
using namespace cv;

int videoCamera()
{
    // 1 - 비디오 카메라 열기
    VideoCapture capture(0);

    // 비디오 카메라를 열었는지 확인
```

```cpp
    if(!capture.isOpened()) return 1;

    bool finish = false;
    Mat frame;
    Mat prev_frame;
    namedWindow("Video Camera");

    if(!capture.read(prev_frame)) return 1;

    // 그레이스케일 영상으로 변환
    cvtColor(prev_frame,prev_frame, COLOR_BGR2GRAY);

    while(!finish)
    {
        // 2 - 가능하다면 각 프레임 읽기
        if(!capture.read(frame)) return 1;

        // 그레이스케일 영상으로 변환
        cvtColor(frame ,frame, COLOR_BGR2GRAY);

        // 여기서 다른 함수에 넣기
        imshow("Video Camera", prev_frame);

        // 종료하려면 Esc 누르기
        if(waitKey(1) == 27) finish = true;

        prev_frame = frame;
    }

    // 비디오 카메라 해제
    capture.release();
    return 0;
}

int main( )
{
    videoCamera();
}
```

앞 코드 예제는 그레이스케일 비디오의 카메라 캡처를 보여주는 창을 생성한다. 캡처를 초기화하기 위해 제로 기반 카메라 첨자를 이용해 videoCapture의 인스턴스를 생성한 후에 비디오 캡처를 성공적으로 초기화할 수 있는지 여부를 확인한다. 그런 후에 read 메소드를 이용해 비디오 시퀀스로부터 각 프레임을 읽는다. 이 비디오 시퀀스는 cvtColor 메소드를 COLOR_BGR2GRAY 파라미터와 함께 사용해 그레이스케일로 변환하며, 사용자가 Esc 키를 누를 때까지 화면에 표시된다. 그러면 비디오 시퀀스는 마지막으로 해제된다. 또한 이전 프레임이 저장되는데, 다음의 일부 예제에 사용하기 때문이다.

 OpenCV 3.0에서 COLOR_BGR2GRAY 파라미터를 사용할 수 있다. 이전 버전에서는 CV_BGR2GRAY도 있다.

요약하자면, 비디오 카메라를 이용해 비디오 시퀀스와 작업하는 간단한 방법을 보여줬다. 여기서 가장 중요한 사실은 각 비디오 프레임에 접근하는 방법을 배웠고, 지금은 어떠한 유형의 프레임 처리도 가능하다는 것이다.

 OpenCV가 지원하는 비디오와 오디오 포맷에 관한 더 자세한 정보를 오디오와 비디오 읽기, 기록, 변환, 스트리밍을 위한 완전한 오픈소스와 교차 플랫폼 솔루션을 제공하는 ffmpeg.org 웹사이트에서 찾을 수 있다. 비디오 파일을 처리하는 OpenCV 클래스는 ffmpeg 라이브러리를 기반으로 만든 것이다. Xvid.org 웹사이트는 비디오 압축을 위한 MPEG-4 표준 기반의 오픈소스 비디오 코덱 라이브러리를 제공한다. 이 코덱 라이브러리는 특허가 있지만 공개 코덱과 소프트웨어 툴을 제공하는 DivX라고 하는 경쟁자가 있다.

루카스-카나데 옵티컬 플로우

루카스-카나데LK, Lucas-Kanade 알고리즘은 원래 1981년에 제안됐으며, 컴퓨터 비전에서 활용할 수 있는 가장 성공적인 방법 중 하나가 됐다. 현재 전형적으로 입력 영상에서 특징점keypoint의 부분 집합에 이 방법을 적용한다. 이 방법은 옵티컬 플로우가 화소의 지역 이웃에서 필요한 상수라고 가정하며, 이 점을 감안해 방정식 (1)에서 볼 수 있듯이 이웃의 각 화소(x, y)마다 기본 옵티컬 플로우 기술 방정식을 푼다. 이 방법은 또한 두 연속 프레임 간의 변위displacement가 작다고 가정하며, 고려된 특징점이 있는 과도하게 제약된 좌표계를 근사적으로 얻는 방식이다.

$$I(x, y, t) = I(x + \Delta x, y + \Delta y, t + \Delta t) \qquad (1)$$

이제 calcOpticalFlowPyrLK() 함수를 이용해 피라미드에서 옵티컬 플로우를 추정하는 피라미드 루카스-카나데 방법에 초점을 맞춘다. 이 방법은 먼저 피라미드의 꼭대기에서 옵티컬 플로우를 추정한다. 따라서 작고 일관적인 모션이라는 가정 위반으로 인해 야기되는 문제를 피한다. 그러면 다음 그림의 피라미드에서 보듯이, 첫 번째 레벨의 모션 추정을 다음 레벨에서 모션을 추정하기 위한 시작점으로 사용한다.

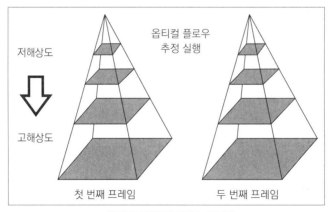

▲ 피라미드 모양인 루카스-카나데

다음 예제는 이 모션 검출기를 구현하기 위한 maxMovementLK 함수를 사용한다.

```
void maxMovementLK(Mat& prev_frame, Mat& frame)
{
    // 1 - 옵티컬 플로우 기술을 적용하기 위해 올바른 특징 검출
    vector<Point2f> initial_features;
    goodFeaturesToTrack(prev_frame, initial_features,
        MAX_FEATURES, 0.1, 0.2 );

    // 2 - 파라미터 설정
    vector<Point2f> new_features;
    vector<uchar> status;
    vector<float> err;
    TermCriteria criteria(TermCriteria::COUNT | TermCriteria::EPS,
        20, 0.03);
    Size window(10,10);
    int max_level = 3;
    int flags = 0;
    double min_eigT = 0.004;

    // 3 - 옵티컬 플로우 기술인 루카스-카나데 방법
    calcOpticalFlowPyrLK(prev_frame, frame, initial_features,
        new_features, status, err, window, max_level, criteria, flags,
            min_eigT );

    // 4 - 결과 보여주기
    double max_move = 0;
    double movement = 0;
    for(int i=0; i<initial_features.size(); i++)
    {
        Point pointA (initial_features[i].x,
            initial_features[i].y);
        Point pointB(new_features[i].x, new_features[i].y);
        line(prev_frame, pointA, pointB, Scalar(255,0,0), 2);

        movement = norm(pointA - pointB);
        if(movement > max_move)
            max_move = movement;
    }

    if(max_move >MAX_MOVEMENT)
```

```
    {
        putText(prev_frame,"INTRUDER", Point(100, 100),
            FONT_ITALIC, 3, Scalar(255,0,0), 5);
        imshow("Video Camera", prev_frame);
        cout << "Press a key to continue..." << endl;
        waitKey();
    }
}
```

앞 예제는 각 움직임을 창에 보여준다. 큰 움직임이 있다면 화면에 메시지를
표시한다. 처음에 영상에서 옵티컬 플로우를 추정할 수 있는 적절한 특징점
keypoint 집합을 얻어야 한다. goodFeatureToTrack() 함수는 원래 시Shi와 토마
시Tomasi가 이 문제를 믿음직한 방법으로 해결하기 위해 제안했던 방법을 사용
한다. 물론 중요하면서 추적하기 쉬운 특징feature을 검출하는 다른 함수를 사용
할 수도 있다(5장 '2D 특징' 참조). 특징점 개수를 제한하기 위해 MAX_FEATURES
를 500으로 설정한다. 그다음에 루카스-카나데 방법 파라미터를 설정한 후,
calcOpticalFlowPyrLK()를 호출한다. 함수가 반환할 때 점을 성공적으로 추
적했는지 살펴보기 위해 상태(status) 배열을 확인하며, 추정된 위치가 함께
있는 새로운 점 집합(new_features)을 사용한다. 모션을 나타내기 위해 선을 그
리며 변위가 MAX_MOVEMENT, 예를 들어 100보다 더 크다면 화면에 메시지를 보
여준다. 다음과 같이 화면 캡처를 볼 수 있다.

▲ maxMovementLK 예제 결과

수정된 videoCamera 예제에서, 큰 움직임을 검출하기 위해 maxMovementLK()를 적용했다.

```
while(!finish)
{
    capture.road(frame);

    cvtColor(frame,frame,COLOR_BGR2GRAY);

    // 루카스-카나데 방법을 이용한 최대 움직임 검출
    maxMovementLK(prev_frame, frame);
    ...
```

이 방법은 계산상으로 효율적인데, 주요한 점이나 관심 점에만 추적을 수행하기 때문이다.

구나-파르네백 옵티컬 플로우

구나-파르네백Gunnar-Farneback 알고리즘은 조밀한 옵티컬 플로우 결과를 만들기 위해 개발됐다. 첫 단계에서 2차 다항식으로 두 프레임의 각 이웃을 추정한다. 나중에 이 2차 다항식을 고려해 전역 변위로 새로운 신호를 구성한다. 마지막으로 2차 다항식의 산출에서 계수를 동등하게 함으로써 전역 변위를 계산한다.

이제 calcOpticalFlowFarneback() 함수를 사용하는 이 방법의 구현을 살펴보자. 다음은 앞 예제에 보여줬던 최대 움직임을 검출하기 위해 calcOpticalFlowFarneback() 함수를 사용하는 예제(maxMovementFarneback)다.

```
void maxMovementFarneback(Mat& prev_frame, Mat& frame)
{
    // 1 - 파라미터 설정
    Mat optical_flow = Mat(prev_frame.size(), COLOR_BGR2GRAY);
```

```
double pyr_scale = 0.5;
int levels = 3;
int win_size = 5;
int iterations = 5;
int poly_n = 5;
double poly_sigma = 1.1;
int flags = 0;

// 2 - 옵티컬 플로우 기술인 파르네백 방법
calcOpticalFlowFarneback(prev_frame, frame, optical_flow,
    pyr_scale, levels, win_size, iterations, poly_n, poly_sigma,
        flags);

// 3 - 움직임을 보여주기
int max_move = 0;
for (int i = 1; i < optical_flow.rows; i++)
{
    for (int j = 1; j < optical_flow.cols; j++)
    {
        Point2f &p = optical_flow.at<Point2f>(i, j);
        Point pA = Point(round(i + p.x),round(j + p.y));
        Point pB = Point(i, j);
        int move = sqrt(p.x*p.x + p.y*p.y);
        if( move > MIN_MOVEMENT )
        {
            line(prev_frame, pA, pB, Scalar(255,0,0), 2);
            if ( move > max_move )
                max_move = move;
        }
    }
}

if(max_move > MAX_MOVEMENT)
{
    putText(prev_frame, "INTRUDER", Point(100,100),
        FONT_ITALIC, 3, Scalar(255,0,0), 5);
    imshow("Video Camera", prev_frame);
```

```
            cout << "Press a key to continue..." << endl;
            waitKey();
        }
    }
```

이 maxMovementFarneback() 함수는 두 연속 프레임을 받아 각 파라미터로 옵티컬 플로우를 추정한 후, 입력 프레임과 동일한 크기인 배열을 반환한다. 여기서 각 화소는 실제로 화소에 대한 변위를 나타내는 점(Point2f)이다. 먼저 이 함수의 각 파라미터를 설정한다. 물론 성능을 설정하기 위해 자신만의 기준을 사용할 수도 있다. 그러면 이 파라미터를 이용해 각 두 연속 프레임 사이에 옵티컬 플로우 기술을 수행한다. 그 결과로, 각 화소에 대한 추정이 있는 배열인 optical_flow를 얻는다. 마지막으로 움직임이 MIN_MOVEMENT보다 더 크면 화면에 표시한다. 가장 큰 움직임이 MAX_MOVEMENT보다 더 크면 INTRUDER 메시지를 표시한다.

당연하게도 이 방법은 꽤 느린데, 프레임의 각 화소마다 옵티컬 플로우 기술을 계산하기 때문이다. 이 알고리즘의 결과는 앞 방법과 비슷하지만 훨씬 더 느리다.

평균이동 추적기

평균이동Mean-Shift 방법은 함수로부터 표본화된 이산화 데이터가 주어진 밀도 함수의 최대치를 찾게 해준다. 따라서 이 밀도의 검출 모드에 유용하다. 평균이동은 반복적인 방법이며, 초기 추정이 필요하다.

시각 추적에 이 알고리즘을 사용할 수 있다. 이 경우에는 신뢰도 맵confidence map을 계산할 때 추적된 객체의 컬러 히스토그램을 사용한다. 이 알고리즘의 가장 간단한 방법은 이전 영상으로부터 취득한 객체 히스토그램에 기반을 두고 새로운 영상의 신뢰도 맵을 생성한 후, 객체의 이전 위치에 가까운 신뢰도 맵의 정점을 찾을 때 평균이동을 사용하는 것이다. 신뢰도 맵은 새로운 영상의 확률 밀도 함수이며, 새로운 영상의 각 화소에 확률을 할당한다. 그 확률은 이전 영상의 객체에서 발생하는 화소 컬러의 확률이다. 다음은 이 함수를 사용한 예제(trackingMeanShift)를 보여준다.

```
void trackingMeanShift(Mat& img, Rect search_window)
{
    // 1 - MeanShift 함수에 넣을 criteria 파라미터 설정
    TermCriteria criteria(TermCriteria::COUNT | TermCriteria::EPS,
10, 1);

    // 2 - MeanShift 함수를 이용해 추적
    meanShift(img, search_window, criteria);

    // 3 - 결과 보여주기
    rectangle(img, search_window, Scalar(0,255,0), 3);
}
```

이 예제는 추적을 수행한 곳인 중앙에 위치한 초기 사각형이 있는 창을 보여준다. 먼저 criteria 파라미터를 설정한다. 이 함수는 3개의 파라미터인 주 영상, 탐색하려는 관심 영역, 추적의 다른 모드에 대한 종료 기준이 필요하다. 마지막으로 사각형은 meanShift()로부터 얻고, 주 영상에 search_window를 그린다.

수정된 videoCamera 예제를 사용해서 추적을 위한 이 방법을 적용한다. 화면의 정적 창은 탐색에 사용된다. 물론 다른 창을 직접 조정하거나 관심점을 검출하는 다른 함수를 사용할 수 있다. 그다음에는 추적을 수행한다.

```
...
while(!finish)
{
    capture.read(frame);

    cvtColor(frame, frame, COLOR_BGR2GRAY);

    // 초기 탐색 창과 함께 평균이동을 이용해 추적
```

```
Rect search_window(200, 150, 100, 100);
trackingMeanShift(prev_frame, search_window);

...
```

여기서 다음의 두 화면 캡처를 볼 수 있다.

▲ trackingMeanShift 예제 결과

캠시프트 추적기

캠시프트CamShift, Continuously Adaptive Mean Shift 알고리즘은 1998년에 OpenCV로 유명한 그레이 브라드스키가 소개했던 영상 분할 방법이다. 평균이동과의 차이점은 탐색 창을 자체적으로 조정하는 데 있다. 잘 분할된 분포를 갖고 있다면(예: 간결함을 유지한 얼굴 특징), 사람이 카메라로부터 더 가까워지거나 더 멀어짐에 따라 얼굴 크기를 자체적으로 자동 조정한다.

 http://docs.opencv.org/trunk/doc/py_tutorials/py_video/py_meanshift/py_meanshift. html에서 캠시프트 참고서를 찾을 수 있다.

캠시프트 방법을 이용한 다음 예제를 여기서 살펴보자.

```
void trackingCamShift(Mat& img, Rect search_window)
{
    // 1 - CamShift 함수에 종료 기준 설정
    TermCriteria criteria(TermCriteria::COUNT | TermCriteria::EPS,
10, 1);

    // 2 - CamShift 함수를 이용해 추적
    RotatedRect found_object = CamShift(img, search_window, criteria);

    //3 - 경계 사각형과 결과 보여주기
    Rect found_rect = found_object.boundingRect();
    rectangle(img, found_rect, Scalar(0,255,0),3);
}
```

이 함수 구조는 앞 절의 함수 구조와 매우 비슷하다. 유일한 차이점이라면 CamShift()가 경계 사각형을 반환한다는 것이다.

모션 템플릿

모션 템플릿motion template은 템플릿 영상과 정합해 영상이나 실루엣의 작은 부분을 찾는 영상처리 기술이다. 닮거나 다름을 조사하거나 유사도에 관한 비교를 할 때 이 템플릿 정합기를 사용한다. 템플릿은 잠재적으로 점의 많은 개수에 대한 표본화가 필요할 수도 있다. 하지만 탐색 해상도를 축소함으로써 이런 점의 개수를 줄이는 것이 가능하며, 템플릿을 개선하는 다른 기술은 피라미드 영상을 사용하는 것이다.

OpenCV의 예제([opencv_source_code]/samples/c/motempl.c)에서, 관련된 프로그램을 찾을 수 있다.

모션 히스토리 템플릿

지금 좋은 실루엣이나 템플릿을 가졌다고 가정하자. 캡처된 새로운 실루엣을 진자 역할을 하는 현재 타임스탬프를 사용해 겹쳐 놓았다. 순차적으로 사라지는 실루엣은 이전 움직임의 히스토리를 기록하며, 결국 모션 히스토리 템플릿 motion history template으로 참조된다. 지정된 DURATION보다 더 많은 실루엣의 타임스탬프가 현재 타임스탬프보다 더 오래되면 0으로 설정한다. 다음과 같이 OpenCV의 updateMotionHistory() 함수를 두 프레임에 사용한 간단한 예제 (motionHistory)를 만들었다.

```
void updateMotionHistoryTemplate(Mat& prev_frame, Mat& frame, Mat&
history)
{
    // 1 - 두 프레임 간의 실루엣 차이 계산
    absdiff(frame, prev_frame, prev_frame);

    // 2 - 차 영상에 경계 값 적용
    double threshold_val = 100;
    threshold(prev_frame,prev_frame,threshold_val,255, THRESH_BINARY);

    // 3 - 현재 시간 계산
    clock_t aux_time = clock();
    double current_time = (aux_time-INITIAL_TIME)/CLOCKS_PER_SEC;

    // 4 - 모션 히스토리 템플릿 갱신 수행
    updateMotionHistory(prev_frame, history, current_time, DURATION);
}
```

 OpenCV 3.0에서 THRESH_BINARY 파라미터를 사용할 수 있다. 이전 버전에서는 CV_ THRESH_BINARY도 있다.

이 함수는 모션 히스토리가 그려진 창을 보여준다. 첫 단계에서 실루엣을 얻으며, 이를 위해 배경 차분 기술을 사용한다. 두 입력 프레임으로부터 실루엣 값의 차를 얻는다. 두 번째 단계에서 실루엣의 잡음을 제거하기 위해 이진 경계화를 적용한다. 그런 후에 현재 시간을 얻는다. 마지막 단계에서 OpenCV의 함수를 사용해 모션 히스토리 템플릿을 갱신한다.

또한 DURATION을 5로 설정했다. INITIAL_TIME과 history를 초기화할 필요가 있음에 유의하자. 뿐만 아니라, 수정된 videoCamera 예제에서 다음과 같이 updateMotionHistoryTemplate() 함수를 호출해 사용할 수 있다.

```
// 초기 시간 계산
INITIAL_TIME = clock()/CLOCKS_PER_SEC;

// 모션 히스토리 템플릿을 저장하는 Mat 생성
Mat history(prev_frame.rows, prev_frame.cols, CV_32FC1);

while(!finish)
{
    capture.read(frame);

    cvtColor(frame ,frame, COLOR_BGR2GRAY);

    // 모션 히스토리 템플릿 갱신 사용
    updateMotionHistoryTemplate(prev_frame, frame, history);
    imshow("Video Camera", history);
...
```

현재 시간을 얻는 clock() 함수를 사용하려면 <ctime>을 인클루드해야 한다. 카메라 정면에서 걷는 사람을 몇몇 화면 캡처로 보여준다.

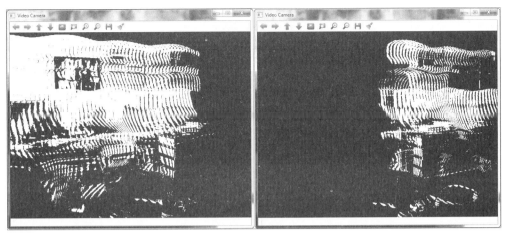

▲ motionHistory 예제 결과

모션 기울기

일단 모션 템플릿이 시간을 따라 겹쳐 놓은 객체 실루엣의 컬렉션을 가졌다면,
history 영상의 기울기를 계산함으로써 움직임의 방향을 얻을 수 있다. 다음
예제(motionGradient)는 기울기를 계산한다.

```
void motionGradientMethod(Mat& history, Mat& orientations)
{
    // 1 - 파라미터 설정
    double max_gradient = 3.0;
    double min_gradient = 1.0;

    // 기본 3×3 소벨 필터
    int apertura_size = 3;

    // 결과를 보여주기 위한 거리
    int dist = 20;
    Mat mask = Mat::ones(history.rows, history.cols, CV_8UC1);

    / / 2 - 모션 기울기 계산
    calcMotionGradient(history, mask, orientations, max_gradient,
```

```
                 min_gradient, apertura_size);

        // 3 - 결과 보여주기
        Mat result = Mat::zeros(orientations.rows, orientations.cols,
CV_32FC1);
        for (int i=0;i<orientations.rows; i++)
        {
            for (int j=0;j<orientations.cols; j++)
            {
                double angle = 360 - orientations.at<float>(i,j);
                if (angle!=360)
                {
                    Point point_a(j, i);
                    Point point_b(round(j+ cos(angle)*dist),
                        round(i+sin(angle)*dist));
                line(result, point_a, point_b, Scalar(255,0,0), 1);
                }
            }
        }

        imshow("Result", result);
    }
```

화면 캡처는 카메라 정면에서 머리를 흔드는 사람을 보여준다(다음 그림 참조).
각 선은 각 화소의 기울기를 나타낸다. 또한 차 프레임은 t 시간에서 겹친다.

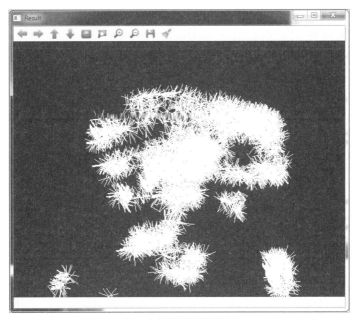
▲ motionGradient 예제 결과(사람이 카메라 정면에서 머리를 흔듦)

앞 예제는 움직임의 방향을 표시하는 창을 보여준다. 첫 번째 단계에서 파라미터(검출하기 위한 최소 기울기 값과 최대 기울기 값)를 설정한다. 두 번째 단계는 기울기 방향 각도의 행렬을 얻기 위해 calcMotionGradient() 함수를 사용한다. 마지막으로 결과를 보여주기 위해 기본 거리인 dist를 이용해 화면에 기울기 방향 각도를 그린다. 한 번 더 다음과 같이 수정된 videoCamera 예제에서 motionGradientMethod() 함수를 사용할 수 있다.

```
...
// 모션 히스토리 템플릿을 저장하는 Mat 생성
Mat history(prev_frame.rows, prev_frame.cols, CV_32FC1);
while(!finish)
{
    capture.read(frame);

    cvtColor(frame,frame,COLOR_BGR2GRAY);
```

```
    // 갱신 모션 히스토리 템플릿 사용
    updateMotionHistoryTemplate(prev_frame, frame, history);

    // 모션 기울기 계산
    Mat orientations = Mat::ones(history.rows, history.cols, CV_32FC1);
    motionGradientMethod(history, orientations);
    ...
```

배경 차분 기술

배경 차분 기술은 배경을 이용해 중요한 객체를 얻는 과정으로 구성된다.

그럼 이제 OpenCV에서 배경 차분 기술을 활용할 수 있는 방법을 살펴보자. 현재 이 작업에 필요한 다음과 같은 4개의 중요한 기술이 있다.

- MOG(가우시안 혼합Mixture-of-Gaussian)

- MOG2

- GMG(기하학적 멀티그립Geometric MultiGrip)

- KNN(K-최근접 이웃K-Nearest Neighbors)

KNN 기술을 이용한 다음의 예제를 살펴보자.

```
#include<opencv2/opencv.hpp>

using namespace cv;
using namespace std;

int backGroundSubKNN()
{
    // 1 - 파라미터 설정과 초기화
    Mat frame;
    Mat background;
```

```
Mat foreground;
bool finish = false;
int history = 500;
double dist2Threshold = 400.0;
bool detectShadows = false;
vector< vector<Point>> contours;
namedWindow("Frame");
namedWindow("Background");
VideoCapture capture(0);

// 비디오 카메라를 열었는지 확인
if(!capture.isOpened()) return 1;

// 2 - 배경 차분기(background subtractor) KNN 생성
Ptr <BackgroundSubtractorKNN> bgKNN =
    createBackgroundSubtractorKNN (history,  dist2Threshold,
        detectShadows);

while(!finish)
{
    // 3 - 가능하다면 모든 프레임 읽기
    if(!capture.read(frame)) return 1;

    // 4 - 이 프레임으로부터 전경과 배경을 얻기 위해
    // apply() 메소드와 getBackgroundImage() 메소드 사용
    bgKNN->apply(frame, foreground);
    bgKNN->getBackgroundImage(background);

    // 5 - 전경 잡음 줄이기
    erode(foreground, foreground, Mat());
    dilate(foreground, foreground, Mat());

    // 6 - 전경 외곽선 찾기
    findContours(foreground,contours,RETR_EXTERNAL,
        CHAIN_APPROX_NONE);
    drawContours(frame, contours, -1, Scalar(0,0,255), 2);

    // 7 - 결과 보여주기
    imshow("Frame", frame);
```

```
        imshow("Background", background);
        moveWindow("Frame", 0, 100);
        moveWindow("Background",800, 100);

        // 종료하려면 Esc 키를 누르기
        if(waitKey(1) == 27) finish = true;
    }

    capture.release();
    return 0;
}

int main()
{
    backGroundSubKNN();
}
```

 createBackgroundSubtractorKNN() 메소드는 OpenCV의 버전 3.0에만 포함된다.

다음과 같이 배경 차분된 프레임과 화면 캡처를 카메라 정면에서 걷는 사람이
있는 그림에 나타낸다.

▲ backgroundSubKNN 예제 결과

앞 예제는 차분된 배경 영상과 찾은 사람의 외곽선을 그린 두 개의 창을 보여준다. 먼저 객체를 검출하기 위해 파라미터를 배경과 각 프레임 간의 거리 경계값으로 설정하고(dist2Threshold), 음영 검출을 비활성화한다(detectShadows). 두 번째 단계에서 createBackgroundSubtractorKnn() 메소드를 사용해 배경 차분기를 생성하며, 해제할 필요가 없도록 스마트 포인터 생성을 사용한다(Ptr<>). 세 번째 단계에서 가능한 대로 각 프레임을 읽는다. apply()와 getBackgroundImage() 메소드를 사용해 전경 영상과 배경 영상을 얻는다. 네 번째 단계에서 형태학적 닫힘 연산(침식(erode() 함수)한 후 팽창(dilate() 함수))을 적용해 전경 잡음을 줄인다. 그런 후에 전경 영상에서 외곽선을 검출한 후 그린다. 마지막으로 배경 영상과 현재 프레임 영상을 보여준다.

영상 정렬

OpenCV에는 지금 버전 3.0에서만 활용할 수 있는 ECC 알고리즘이 구현돼 있다. 이 방법은 입력 프레임과 템플릿 프레임 간의 기하학적 변환(워프warp)을 추정한 후 워프된 입력 프레임을 반환하며, 첫 템플릿에 가까워야 한다. 추정된 변환은 템플릿과 워프된 입력 프레임 간의 상관관계 계수를 최대화한 것이다. OpenCV 예제([opencv_source_code]/samples/cpp/image_alignment.cpp)에서 관련된 프로그램을 찾을 수 있다.

 ECC 알고리즘은 'Parametric Image Alignment Using Enhanced Correlation Coefficient Maximization' 논문의 ECC 기준에 기반을 둔다. http://xanthippi.ceid.upatras.gr/people/evangelidis/george_files/PAMI_2008.pdf에서 이 논문을 볼 수 있다.

findTransformECC() 함수를 이용한 이 ECC 기술을 쓴 예제(findCameraMovement)를 여기서 살펴보자.

```cpp
#include <opencv2/opencv.hpp>

using namespace cv;
using namespace std;

int findCameraMovement()
{
    // 1 - 파라미터 설정 후 초기화
    bool finish = false;
    Mat frame;
    Mat initial_frame;
    Mat warp_matrix;
    Mat warped_frame;
    int warp_mode = MOTION_HOMOGRAPHY;

    TermCriteria criteria(TermCriteria::COUNT | TermCriteria::EPS,
50, 0.001);
    VideoCapture capture(0);
    Rect rec(100, 50, 350, 350); // 초기 사각형
    Mat aux_initial_frame;
    bool follow = false;

    // 비디오 카메라를 열었는지 확인
    if(!capture.isOpened()) return 1;

    // 2 - 캡처 초기화
    cout << "\n Press 'c' key to continue..." << endl;

    while(!follow)
    {
        if(!capture.read(initial_frame)) return 1;
        cvtColor(initial_frame ,initial_frame, COLOR_BGR2GRAY);
        aux_initial_frame = initial_frame.clone();
        rectangle(aux_initial_frame, rec, Scalar(255,255,255), 3);
        imshow("Initial frame", aux_initial_frame);
        if (waitKey(1) == 99) follow = true;
    }

    Mat template_frame(rec.width,rec.height,CV_32F);
    template_frame = initial_frame.colRange(rec.x, rec.x
```

```
                + rec.width).rowRange(rec.y, rec.y + rec.height);
imshow("Template image", template_frame);

while(!finish)
{
    cout << "\n Press a key to continue..." << endl;
    waitKey();

    warp_matrix = Mat::eye(3, 3, CV_32F);

    // 3 - 가능하다면 각 프레임 읽기
    if(!capture.read(frame)) return 1;

    // 그레이스케일 영상으로 변환
    cvtColor(frame ,frame, COLOR_BGR2GRAY);

    try
    {
        // 4 - findTransformECC() 함수 사용
        findTransformECC(template_frame, frame, warp_matrix,
            warp_mode, criteria);

        // 5 - 새로운 투시 얻기
        warped_frame = Mat(template_frame.rows,
            template_frame.cols, CV_32F);
        warpPerspective (frame, warped_frame, warp_matrix,
            warped_frame.size(), WARP_INVERSE_MAP +
                WARP_FILL_OUTLIERS);
    }
    catch(Exception e) {
        cout << "Exception: " << e.err << endl;
    }

    imshow ("Frame", frame);
    imshow ("Warped frame", warped_frame);

    // 종료하려면 Esc 키를 누르기
    if(waitKey(1) == 27) finish = true;
}
```

```
        capture.release();
        return 0;
    }


    main()
    {
        findCameraMovement();
    }
```

다음 그림에서 몇몇 화면 캡처를 볼 수 있다. 왼쪽 열의 프레임은 초기 프레임과 템플릿 프레임을 나타낸다. 상단 오른쪽 영상은 현재 프레임이고, 하단 오른쪽 영상은 워프된 프레임이다.

▲ findCameraMovement 예제 결과

코드 예제는 초기 템플릿, 초기 프레임, 현재 프레임, 워프된 프레임이 있는 4개의 창을 보여준다. 첫 번째 단계는 초기 파라미터를 warp_mode(MOTION_HOMOGRAPHY)로 설정한다. 두 번째 단계는 중앙에 위치한 사각형을 사용해 계산되는 템플릿을 얻기 위해 비디오 파일을 열었는지 여부를 확인한다. C 키를 눌렀을 때 이 영역은 템플릿으로 캡처된다. 세 번째 단계는 다음 프레임을 읽은 후에 그레이레벨 프레임으로 변환한다. warpPerspective()를 이용한 행렬로 warp_matrix를 계산하기 위해 findTransformECC() 함수를 적용한다. warped_frame을 사용해 카메라 움직임을 보정할 수 있다.

요약

7장은 컴퓨터 비전에서 중요한 주제를 다뤘다. 모션 검출은 필수 작업이며, 7장에서는 OpenCV에서 활용할 수 있는 가장 유용한 방법에 필요한 통찰력과 비디오 시퀀스를 이용한 작업(videoCamera 예제 참조), 옵티컬 플로우 기술(maxMovementLK와 maxMovementFrenback 예제 참조), 추적(trackingMeanshift와 trackingCamshift 예제 참조), 모션 템플릿(motionHistory와 motionGrandient 예제 참조), 배경 차분 기술(backgroundSubKnn 예제 참조), 영상 정렬(findCameraMovement 예제) 등의 예제를 독자에게 제공했다.

참고사항

OpenCV 라이브러리 내부에서 모션을 다루는 다른 함수가 있다. 호른Horn과 슌크Schunk(cvCalcOpticalFlowHS), 블록 머신block machine(cvCalcOpticalFlowBM), 단순 플로우simple flow(calcOpticalFlowSF) 방법과 같은 다른 옵티컬 플로우 기

술 방법이 구현돼 있다. 전역 움직임을 추정하기 위한 방법도 활용할 수 있다 (`calcGlobalOrientation`). 마지막으로 MOG(`createBackgroundSubtractorMOG`), MOG2(`createBackgroundSubtractorMOG2`), CMG(`createBackgroundSubtractorGMG`) 방법과 같은 배경을 얻기 위한 다른 방법이 있다.

8
고급 주제

8장은 다중 클래스를 이용한 기계 학습machine learning, GPU 기반 최적화와 같이 드물게 사용되는 주제를 다룬다. 두 주제에 대한 관심과 실제 적용이 눈에 띄게 증가하고 있으므로, 이 두 주제는 완전한 하나의 장으로 다뤄질 만한 충분한 자격을 갖췄다. 기계 학습, 통계적 분류와 병렬화에 관한 추가 지식이 필요한 만큼은 두 주제가 고급 주제라고 생각한다. 8장에서는 ml 모듈에서 활용할 수 있는 KNM, SVM, 랜덤 포레스트Random Forests처럼 가장 잘 알려진 분류기의 일부를 조사하는 것부터 시작하며, 서로 다른 데이터베이스 포맷과 다중 클래스로 어떻게 작동하는지를 보여준다. 마지막으로 GPU 기반 연산 자원을 활용하기 위한 클래스와 함수 집합을 설명한다.

기계 학습

기계 학습은 컴퓨터가 학습하고 스스로 결정할 수 있는 기술을 다룬다. 기계 학습의 핵심 개념은 분류기다. 분류기는 각 표본의 레이블이 알려진 데이터 집합dataset의 예제를 학습한다. 보통 두 데이터 집합인 학습과 테스트를 활용한다. 분류기는 학습 집합을 사용해 모델을 구축한다. 학습된 분류기는 지금껏 알지 못했던 새로운 표본의 레이블을 예측할 것으로 예상된다. 따라서 마지막에 검증하고 레이블 인식률을 평가하기 위해 테스트 집합을 사용한다.

이번 절에서는 분류를 위해 OpenCV가 제공하는 서로 다른 클래스와 함수, 간단한 사용 예제를 설명한다. 통계적 분류, 회귀regression, 데이터 군집화를 위한 기계 학습 클래스와 함수는 모두 ml 모듈에 포함된다.

KNN 분류기

K-최근접 이웃(KNN)은 가장 간단한 분류기 중 하나다. 활용할 수 있는 사례로부터 학습하고, 최소 거리로 새로운 사례를 분류하는 감독 분류supervised classification 방법이다. K는 결정에서 분석돼야 하는 이웃 개수다. 분류하기 위한 새로운 데이터 점(질의)은 학습 점과 동일한 공간에서 투영되고, 클래스는 학습 집합으로부터 KNN에 속하는 가장 빈번한 클래스로 주어진다.

다음 KNNClassifier 코드는 각 영상 화소를 가장 가까운 컬러인 검은색(0, 0, 0), 흰색(255, 255, 255), 파란색(255, 0, 0) 또는 빨간색(0, 0, 255)으로 분류하기 위해 KNN 알고리즘을 사용하는 예제다.

```
#include <iostream>
#include <opencv2/core/core.hpp>
#include <opencv2/highgui/highgui.hpp>
#include <opencv2/ml/ml.hpp>
```

```cpp
using namespace std;
using namespace cv;

int main(int argc, char *argv[]){
    // 학습 집합과 클래스에 대한 Mat 생성
    Mat classes(5, 1, CV_32FC1);
    Mat colors(5, 3, CV_32FC1);

    // 학습 집합(원색(primary color))
    colors.at<float>(0,0)=0, colors.at<float>(0,1)=0,
    colors.at<float>(0,2)=0;
    colors.at<float>(1,0)=255, colors.at<float>(1,1)=255,
    colors.at<float>(1,2)=255;
    colors.at<float>(2,0)=255, colors.at<float>(2,1)=0,
    colors.at<float>(2,2)=0;
    colors.at<float>(3,0)=0, colors.at<float>(3,1)=255,
    colors.at<float>(3,2)=0;
    colors.at<float>(4,0)=0, colors.at<float>(4,1)=0,
    colors.at<float>(4,2)=255;

    // 클래스를 각 학습 표본으로 설정
    classes.at<float>(0,0)=1;
    classes.at<float>(1,0)=2;
    classes.at<float>(2,0)=3;
    classes.at<float>(3,0)=4;
    classes.at<float>(4,0)=5;

    // KNN 분류기 (k=1)
    CvKNearest classifier;
    classifier.train(colors, classes,Mat(), false, 1, false);

    // 원 영상을 불러들이기
    Mat src = imread("baboon.jpg",1);
    imshow("baboon",src);

    // 결과 영상 생성
    Mat dst(src.rows , src.cols, CV_8UC3);
```

```
Mat results;
Mat newPoint(1,3,CV_32FC1);

// 각 화소에 대한 응답과 결과를 결과 영상에 저장
float prediction=0;
for(int y = 0; y < src.rows; ++y){
    for(int x = 0; x < src.cols; ++x){
        newPoint.at<float>(0,0) = src.at<Vec3b>(y, x)[0];
        newPoint.at<float>(0,1) = src.at<Vec3b>(y, x)[1];
        newPoint.at<float>(0,2) = src.at<Vec3b>(y, x)[2];

        prediction = classifier.find_nearest(newPoint,1,&results,
0, 0);

        dst.at<Vec3b>(y, x)[0] = colors.at<float>(prediction-1, 0);
        dst.at<Vec3b>(y, x)[1] = colors.at<float>(prediction-1, 1);
        dst.at<Vec3b>(y, x)[2] = colors.at<float>(prediction-1, 2);
    }
}

// 결과 영상 보여주기
cv::imshow("result KNN",dst);
cv::waitKey(0);
return 0;
}
```

 OpenCV는 BGR 컬러 체계를 사용함을 기억하라.

OpenCV는 CvKNearest 클래스를 통해 KNN 알고리즘을 제공한다. 학습 정보
는 bool CvKNearest::train(const Mat& trainData, const Mat& responses,
const Mat& sampleIdx, bool isRegression, int maxK, bool updateBase)를
통해 KNN 분류기에 추가된다. 이번 예제는 각 클래스(컬러)(Mat classes(5,
1, CV_32FC1))를 나타내는 5개의 표본으로 학습 집합을 생성한다(Mat

colors(5, 3, CV_32FC1)). isRegression는 파라미터로서 분류를 수행할지 아니면 회귀를 수행할지 여부를 정의한 불리언 값이다. 이웃 최대 개수를 의미하는 maxK 값은 테스트 단계에서 사용된다.

마지막으로 updateBaseParameter는 데이터로 새로운 분류기를 학습할지 아니면 이전 학습 데이터 갱신에 사용할지 여부를 나타나게 해준다. 그다음에 코드 예제는 float CvKNearest::find_nearest(const Mat& samples, int k, Mat* results=0, const float** neighbors=0, Mat* neighborResponses=0, Mat* dist=0) 함수를 사용해 원 영상의 각 화소로 테스트 단계를 수행한다. 이 함수는 입력 표본을 테스트하고, KNN을 선택하고, 마지막으로 이 표본에 대한 클래스를 예측한다.

다음 그림에서 코드 결과를 비롯해 원 영상과 KNN 분류 후의 결과 영상 간의 차이점을 확인할 수 있다.

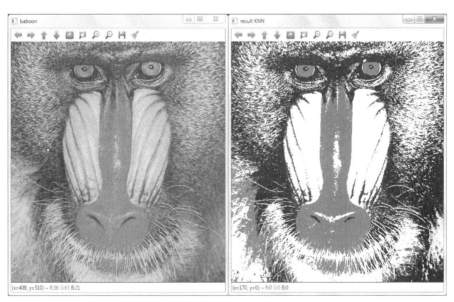

▲ 원색을 클래스로 이용한 KNN 분류(왼쪽: 원 영상, 오른쪽: 결과 영상)

랜덤 포레스트 분류기

랜덤 포레스트는 결정 트리를 기저 분류기로 사용하는 앙상블 구축 방법의 일반적인 클래스다. 랜덤 포레스트 분류기는 배깅 분류기Bagging(Bootstrap Aggregating) classifier의 변종이다. 배깅 알고리즘은 부트스트랩bootstrap을 이용해 약한 개별 분류기를 생성하는 분류 방법이다. 각 분류기는 각 분류에서 다수의 원 예제를 반복하기 위해 학습 집합의 무작위 재분포로 학습된다.

배깅과 랜덤 포레스트 간의 주된 차이점은 배깅은 각 트리 노드에서 모든 특징feature을 사용하지만 랜덤 포레스트는 특징의 무작위 부집합을 선택한다는 것이다. 무작위 특징randomized features의 적절한 개수는 특징의 총 개수의 제곱근에 대응한다. 예측에 대해 설명하자면, 트리 아래로 새로운 표본을 밀어낸 후 트리에서 새로운 표본을 단말terminal(또는 잎leaf) 노드의 클래스에 할당한다. 이 방법은 모든 트리를 순회하며, 최종적으로 모든 트리 예측의 평균 투표는 예측 결과로 간주된다. 다음 그림은 랜덤 포레스트 알고리즘을 보여준다.

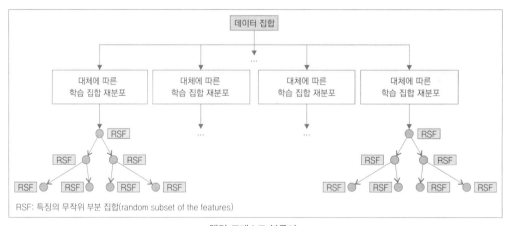

▲ 랜덤 포레스트 분류기

랜덤 포레스트는 인식 능력과 효율성 면에서 현재 활용할 수 있는 가장 좋은 분류기 중 하나다. FRClassfier 예제에서는 OpenCV의 랜덤 포레스트 분류기를 비롯해 OpenCV의 CvMLData 클래스도 사용한다. 대용량 정보는 기계 학습 문제에서 처리되며, 이런 이유로 .cvs 파일을 사용하는 것이 편리하다. CvMLData 클래스는 다음과 같이 이런 파일로부터 학습 집합 정보를 불러오는 데 사용된다.

```
//... (간략화를 위해 생략)

int main(int argc, char *argv[]){

    CvMLData mlData;
    mlData.read_csv("iris.csv");
    mlData.set_response_idx(4);

    // 표본 75%를 학습 집합으로, 25%를 테스트 집합으로 선택
    CvTrainTestSplit cvtts(0.75f, true);

    // 붓꽃 데이터 집합을 분리
    mlData.set_train_test_split(&cvtts);

    // 학습 집합 얻기
    Mat trainsindex = mlData.get_train_sample_idx();
    cout << "Number of samples in the training set:" <<
trainsindex.cols << endl;

    // 테스트 집합 얻기
    Mat testindex = mlData.get_test_sample_idx();
    cout << "Number of samples in the test set:" << testindex.cols
<< endl;
    cout << endl;

    // 랜덤 포레스트 파라미터
    CvRTParams params = CvRTParams(3, 1, 0, false, 2, 0, false, 0,
        100, 0, CV_TERMCRIT_ITER | CV_TERMCRIT_EPS);
```

```cpp
    CvRTrees classifierRF;

    // 학습 단계
    classifierRF.train(&mlData,params);
    std::vector<float> train_responses, test_responses;

    // 학습 오류 계산
    cout << "Error on train samples:"<<endl;
    cout << (float)classifierRF.calc_error( &mlData,
        CV_TRAIN_ERROR,&train_responses) << endl;

    // 학습 응답 출력
    cout << "Train responses:" << endl;
    for(int i=0;i<(int)train_responses.size();i++)
        cout << i+1 << ":" << (float)train_responses.at(i) << " ";
    cout << endl << endl;

    // 테스트 오류 계산
    cout << "Error on test samples:" << endl;
    cout << (float)classifierRF.calc_error( &mlData,
        CV_TEST_ERROR,&test_responses) << endl;

    // 테스트 응답 출력
    cout << "Test responses:" << endl;
    for(int i=0;i<(int)test_responses.size();i++)
        cout << i+1 << ":" << (float)test_responses.at(i) << " ";
    cout << endl << endl;

    return 0;
}
```

 UC 어바인 기계 학습 저장소(Irvine Machine Learning Repository)에서 제공하는 데이터 집합을 http://archive.ics.uci.edu/ml/로부터 다운로드할 수 있다. 이번 코드 예제의 경우 붓꽃(iris) 데이터 집합을 사용했다.

앞서 언급했듯이 CvMLData 클래스는 read_csv 함수를 사용해 .csv 파일로 부터 데이터 집합을 불러오는 것을 가능하게 하며, set_response_idx 함수로 클래스 칼럼을 나타낸다. 이번 경우에는 학습 단계와 테스트 단계를 수행하기 위해 이 데이터 집합을 사용한다. 데이터 집합을 학습 집합과 테스트 집합으로 나눠 분리할 수 있으며, 이를 위해 CvTrainTestSplit 구조체와 void CvMLData::set_train_test_split(const CvTrainTestSplit* spl) 함수를 사용한다. CvTrainTestSpilt 구조체에서 각 파라미터는 학습 집합(이번 경우 75%)으로 사용되는 표본의 백분율, 데이터 집합의 학습 표본과 테스트 표본 첨자를 혼합할지 여부를 나타낸다. set_train_test_split 함수는 분리를 수행한다. 그러면 get_train_sample_idx()와 get_test_sample_idx() 함수로 Mat에서 각 집합을 얻을 수 있다.

CvRTrees 클래스를 이용해 랜덤 포레스트 분류기를 생성하고, CvRTParams::CvRTParams(int max_depth, int min_sample_count, float regression_accuracy, bool use_surrogates, int max_categories, const float* priors, bool calc_var_importance, int nactive_vars, int max_num_of_trees_in_the_forest, float forest_accuracy, int termcrit_type) 생성자로 파라미터를 정의한다. 몇몇 가장 중요한 입력 파라미터는 트리의 최대 깊이(max_depth)를 참조하며(예제 코드에서 값은 3임), 각 노드의 무작위 특징 개수(nactive_vars), 포레스트에서 트리의 최대 개수(max_num_of_trees_in_forest)다. Nactive_vars 파라미터를 0으로 설정하면 무작위 특징의 개수는 특징의 총 개수의 제곱근이 된다.

마지막으로 train 함수를 이용해 이 분류기를 학습했다면, float CvRTrees::calc_error(CvMLData* data, int type, std::vector<float>* resp=0) 메소드를 이용해 미분류된 표본의 백분율을 얻을 수 있다. type 파라미터는 오류의 출처인 CV_TRAIN_ERROR(학습 표본에서의 오류)나 CV_TEST_ERROR(테스트 표본에서의 오류) 중 하나를 선택하도록 허용한다.

다음 그림은 학습 오류와 테스트 오류, 두 집합의 분류기 응답을 보여준다.

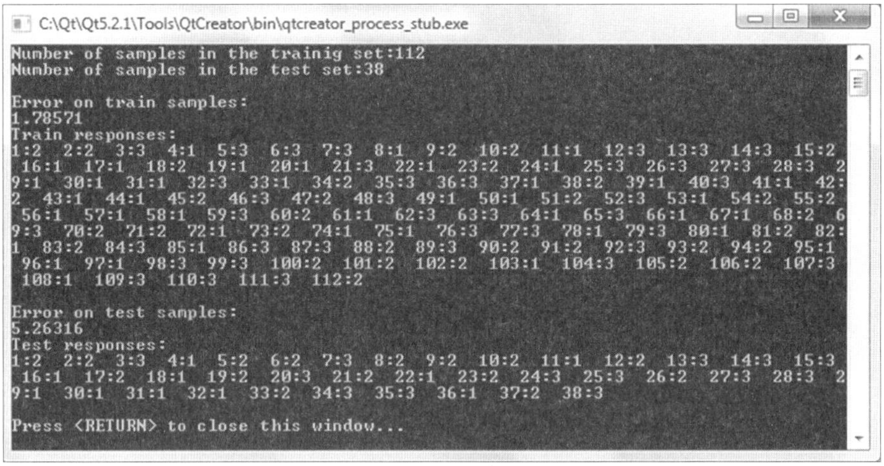

```
C:\Qt\Qt5.2.1\Tools\QtCreator\bin\qtcreator_process_stub.exe
Number of samples in the trainig set:112
Number of samples in the test set:38

Error on train samples:
1.78571
Train responses:
1:2  2:2  3:3  4:1  5:3  6:3  7:3  8:1  9:2  10:2  11:1  12:3  13:3  14:3  15:2
 16:1  17:1  18:2  19:1  20:1  21:3  22:1  23:2  24:1  25:3  26:3  27:3  28:3  2
9:1  30:1  31:1  32:3  33:1  34:2  35:3  36:3  37:1  38:2  39:1  40:3  41:1  42:
2  43:1  44:1  45:2  46:3  47:2  48:3  49:1  50:1  51:2  52:3  53:1  54:2  55:2
 56:1  57:1  58:1  59:3  60:2  61:1  62:3  63:3  64:1  65:3  66:1  67:1  68:2  6
9:3  70:2  71:2  72:1  73:2  74:1  75:1  76:3  77:3  78:1  79:3  80:1  81:2  82:
1  83:2  84:3  85:1  86:3  87:3  88:2  89:3  90:2  91:2  92:3  93:2  94:2  95:1
 96:1  97:1  98:3  99:3  100:2  101:2  102:2  103:1  104:3  105:2  106:2  107:3
 108:1  109:3  110:3  111:3  112:2

Error on test samples:
5.26316
Test responses:
1:2  2:2  3:3  4:1  5:2  6:2  7:3  8:2  9:2  10:2  11:1  12:2  13:3  14:3  15:3
 16:1  17:2  18:1  19:2  20:3  21:2  22:1  23:2  24:3  25:3  26:2  27:3  28:3  2
9:1  30:1  31:1  32:1  33:2  34:3  35:3  36:1  37:2  38:3

Press <RETURN> to close this window...
```

▲ 랜덤 포레스트 분류기 표본 결과

분류를 위한 SVM

지지 벡터 머신SVM, Support Vector Machine 분류기는 클래스 간의 기하학적 여백geometrical margin을 최대화함으로써 판별 함수discriminant function를 찾는다. 따라서 공간은 클래스가 가능한 대로 폭넓게 분리되는 이런 방식으로 사상된다. SVM은 학습 오류와 기하학적 여백을 둘 다 최소화한다. 요즘 이 분류기는 활용할 수 있는 가장 좋은 분류기 중의 하나이며, 수많은 실세계 문제에 적용됐다. 다음 SVMClassifier 예제 코드는 SVM 분류기와 66개 영상 객체의 데이터 집합을 사용해 분류를 수행한다. 이 데이터 집합은 4개의 클래스로서, 그 각각은 학습 대상인 신발(클래스 1), 껴안을 수 있는 인형(클래스 2), 플라스틱 컵(클래스 3), 나비 매듭 리본(클래스 4)이다. 다음 그림은 4개의 클래스 예제를 보여준다. 총 56개 영상과 10개 영상이 각각 학습 집합과 테스트 집합에 사용된다. 학습 집합의 영상은 다음과 같이 [1-14].png는 클래스 1, [15-28].png는 클래스 2, [29-42].

png는 클래스 3, [43-56].png는 클래스 4에 해당하는 식으로 이름 구조를 취한다. 다른 한편으로 테스트 집합의 영상은 예를 들어 unknown1.png처럼 단어 'unknown'에 숫자를 붙이는 방법으로 특성화한다.

 http://aloi.science.uva.nl/에서 다운로드할 수 있는 ALOI(Amsterdam Library of Object Image)로부터 네 클래스의 영상을 추출했다.

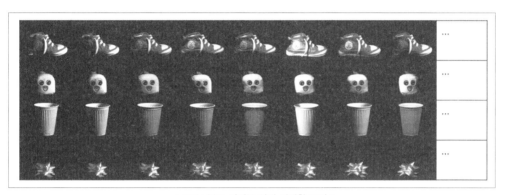

▲ SVM 분류 예제를 위해 선택한 클래스

SVMClassifier 예제 코드는 다음과 같다.

```
//… (간략화를 위해 생략)
#include <opencv2/features2d/features2d.hpp>
#include <opencv2/nonfree/features2d.hpp>

using namespace std;
using namespace cv;

int main(int argc, char *argv[]){
    Mat groups;
    Mat samples;
    vector<KeyPoint> keypoints1;

    // 15개의 관심점을 이용하는 ORB 특징 검출기
    OrbFeatureDetector detector(15, 1.2f, 2, 31,0, 2,
```

```
        ORB::HARRIS_SCORE, 31);
Mat descriptors, descriptors2;

// SURF 특징 기술자
SurfDescriptorExtractor extractor;

// 표본 학습
for(int i=1; i<=56; i++){
    stringstream nn;
    nn << i << ".png";

    // 학습할 영상 읽기
    Mat img=imread(nn.str());
    cvtColor(img, img, COLOR_BGR2GRAY);

    // 관심점 검출
    detector.detect(img, keypoints1);

    // SURF 기술자 계산
    extractor.compute(img, keypoints1, descriptors);

    // 한 줄에 정보를 구성하고 저장
    samples.push_back(descriptors.reshape(1,1));
    keypoints1.clear();
}

// 각 표본의 레이블 설정
for(int j=1; j<=56; j++){
    if(j <= 14) groups.push_back(1);
    else if(j > 14 && j <= 28) groups.push_back(2);
    else if(j > 28 && j <= 42) groups.push_back(3);
    else groups.push_back(4);
}

// SVM 파라미터를 나타냄
CvSVMParams params=CvSVMParams(CvSVM::C_SVC, CvSVM::LINEAR,
    0, 1, 0, 1, 0, 0, 0, cvTermCriteria(CV_TERMCRIT_ITER+CV_
        TERMCRIT_EPS, 100, FLT_EPSILON));
```

```
// SVM 분류기 생성
CvSVM classifierSVM;

// 분류기 학습
classifierSVM.train(samples, groups, Mat(), Mat(), params );

// 표본 테스트
for(int i=1; i<=10; i++){
    stringstream nn;
    nn << "unknown" << i << ".png";

    // 테스트할 영상 읽기
    Mat unknown = imread(nn.str());
    cvtColor(unknown, unknown, COLOR_BGR2GRAY);

    // 관심점 검출
    detector.detect(unknown, keypoints1);

    // 기술자 계산
    extractor.compute(unknown, keypoints1, descriptors2);

    // 표본 테스트
    float result = classifierSVM.predict(descriptors2.reshape(1,1));

    // 결과 출력
    cout<<nn.str() << ": class " << result << endl;
}

return 0;
}
```

다음과 같이 코드를 설명한다. 이번 예제에서는 각 기술자로 영상을 표현한다
(5장 '2D 특징' 참조). 학습 집합의 각 영상에 대해서는 ORB~Oriented FAST and Rotated~
~BRIEF~ 검출기(OrbFeatureDetector)를 이용해 관심점을 검출한 후, SURF~Speeded~
~Up Robust Feature~ 기술자(SurfDescriptorExtractor)를 사용해 검출된 관심점의 기
술자를 계산한다.

SVM 분류기는 CvSVM 클래스를 이용해 생성되고, SVM 분류기의 파라미터는 CvSVMParams::CvSVMParams(int svm_type, int kernel_type, double degree, double gamma, double coef0, double Cvalue, double nu, double p, CvMat* class_weights, CvTermCriteria term_crit) 생성자를 이용해 설정된다. 생성자 중 흥미로운 파라미터는 SVM 타입(svm_type)과 커널 타입(kernel_type)이다. 첫 번째 지정된 파라미터는 이번 경우 CVSVM::C_SVC 값인데, 클래스의 불완전한 분리와 함께 하는 n-분류(n≥2)가 필요하기 때문이다. 또한 이례적인 값에 대한 패널티 값인 C를 사용한다. 그런 이유로 C의 역할은 조정자regularizer다. kernel_parameter는 SVM 커널의 타입을 나타낸다. 커널은 사례를 분리하기 위해 필요한 기본 함수를 표현한다. SVM 분류기인 경우 OpenCV는 다음과 같은 커널을 포함한다.

- CvSVM::LINEAR: 선형 커널

- CvSVM::POLY: 다항식 커널

- CvSVM::RBF: 방사 기본 함수

- CvSVM::SIGMOID: 시그모이드 커널

그러면 (train 함수를 이용해 학습한) 학습 집합을 사용해 최적 선형 판별 함수를 구축한다. 이제 레이블이 없는 새로운 표본을 분류할 준비를 마쳤다. 이 목적을 위해 테스트 집합을 사용한다. 테스트 집합의 각 영상에 대한 ORB 검출기와 SURF 기술자도 계산해야 한다는 점에 유의하자. 결과는 다음 그림에서 볼 수 있으며, 모든 클래스가 올바르게 분류되었다.

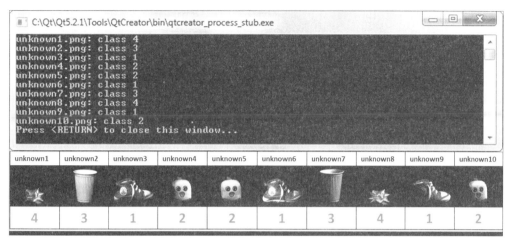

▲ SVM을 이용한 분류 결과

GPU는 어떤가?

CPU는 속도와 열 전력 면에서 한계에 이른 것처럼 보인다. 여러 프로세서를 탑재한 컴퓨터를 구축하는 것은 매우 복잡하고 그 비용도 크게 늘어나고 있다. 이런 상황에서 GPU가 등장한다. GPGPU(General-Purpose Computing on Graphics Processing Units)는 GPU를 사용해 계산을 수행함으로써 프로그램을 빠르게 실행하고 전력 소모를 줄이는 새로운 프로그래밍 패러다임이다. GPGPU는 그래픽 렌더링에서 훨씬 더 많은 작업을 할 수 있는 수백 개의 범용 컴퓨팅 프로세서가 들어 있으며, 특히 병렬화할 수 있는 작업에 GPGPU를 사용한다면 컴퓨터 비전 알고리즘을 적용하는 경우다.

OpenCV는 OpenCL과 CUDA 아키텍처를 지원하는 것을 포함하며, 후자의 경우가 더 많이 구현된 알고리즘과 더 나은 최적화라는 측면에서 비교우위를 갖는다. 이것이야말로 8장에서 CUDA GPU 모듈을 소개하는 이유다.

CUDA를 지원하는 OpenCV 설정

1장 '시작하기'에 제시했던 설치 안내에서 GPU 모듈을 포함하려면 몇 가지 추가 단계가 필요하다. OpenCV를 이미 설치한 컴퓨터에, 안내에서 설명하는 소프트웨어가 있다고 가정한다.

CUDA를 지원하는 OpenCV를 윈도우에서 컴파일하기 위해 충족해야 하는 새로운 요구사항은 다음과 같다.

- **CUDA와 호환되는 GPU**: 이것은 주된 요구사항이다. 엔비디아_{NVIDIA}가 CUDA 를 개발했으므로 결국 엔비디아 그래픽 카드와 유일하게 호환된다. 또한 이 카드의 모델은 http://developer.nvidia.com/cuda-gpus에 나열돼야 한다. 웹사이트에서 소위 연산 능력_{CC, Compute Capability}을 확인할 수도 있는데, 나중에 필요할 수 있다.

- **마이크로소프트 비주얼 스튜디오**: CUDA는 마이크로소프트 컴파일러와 유일하게 호환된다. 비주얼 스튜디오 익스프레스 버전을 설치할 수 있으며 무료다. 비주얼 스튜디오 2013은 집필 시점에서 아직까지 CUDA와 호환되지 않음에 유의하자. 따라서 이 책에서는 비주얼 스튜디오 2012를 사용한다.

- **엔비디아 CUDA 툴킷**: 이것은 GPU 전용 컴파일러, 라이브러리, 툴, 문서를 포함한다. 툴킷은 https://developer.nvidia.com/cuda-downloads에서 다운로드할 수 있다.

- **비주얼 C++ 컴파일러용 Qt 라이브러리**: 1장 '시작하기'에서 Qt 라이브러리의 MinGW 바이너리를 설치했지만, 비주얼 C++ 컴파일러와 호환되지 않는다. C:\Qt에 위치한 MaintenanceTool 애플리케이션이 제공하는 패키지 매니저를 사용해 호환 버전을 다운로드할 수 있다. 다음 그림에서 볼 수 있듯이 msvc2012 32비트 컴포넌트를 선택하면 좋다. 또한 새로운 위치(예로, 로컬 시스템에서 C:\Qt\5.2.1\msvc2012\bin임)를 포함하도록 Path 환경을 수정해야

한다. 사용자 인터페이스 기능을 이용하기 위해 Qt 라이브러리를 컴파일에 포함한다.

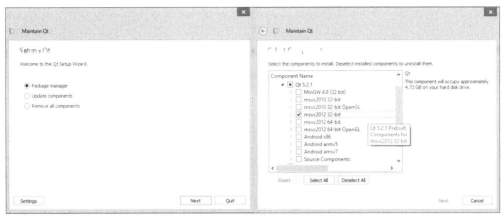

▲ Qt 라이브러리의 새로운 버전을 다운로드하기

OpenCV 빌드 구성

CMake를 이용한 빌드 구성은 1장에 설명했던 구성과 몇 가지 측면에서 차이가 있다. 그 차이점은 다음과 같다.

- 프로젝트에 대한 생성기generator를 선택할 때 컴퓨터에 설치된 환경에 대응하는 비주얼 스튜디오 컴파일러 버전을 선택해야 한다. 이번 경우에는 비주얼 스튜디오 11이 정확한 컴파일러인데, 비주얼 스튜디오 2012에 포함된 컴파일러 버전에 대응하기 때문이다. 다음 그림은 이런 선택을 보여준다.

- 빌드 옵션 선택에서, CUDA와 관련된 옵션에 중점을 둬야 한다. CUDA 툴킷을 올바르게 설치했다면, CMake는 자동으로 CUDA 툴킷의 위치를 감지한 후 WITH_CUDA 옵션을 활성화한다. 덧붙여 툴킷의 설치 경로를 CUDA_TOOLKIT_ROOT_DIR을 통해 보여준다. 다른 흥미로운 옵션은 CUDA_ARCH_BIN인데 GPU의 해당 버전을 선택하면 컴파일 시간을 상당히 줄일 수 있다.

그렇지 않으면 모든 아키텍처에 대한 코드를 컴파일하기 때문이다. 이전에 언급했듯이 http://developer.nvidia.com/cuda-gpus에서 버전을 확인할 수 있다. 다음 그림은 빌드 구성에서 설정된 옵션을 보여준다.

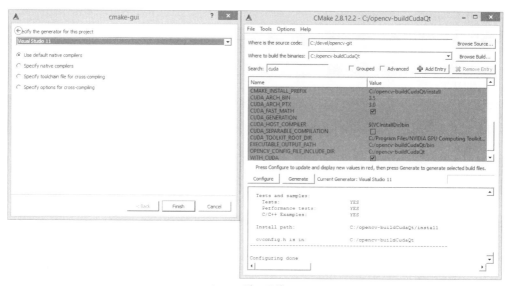

▲ CMake 빌드 구성

라이브러리 빌드 및 설치

CMake는 여러 비주얼 스튜디오 프로젝트를 대상 디렉터리에 생성하며, ALL_BUILD는 필수다. 일단 비주얼 스튜디오에서 열었다면 빌드 구성(디버그 또는 릴리스)을 선택할 수 있으며, 아키텍처(Win32나 Win64)도 마찬가지다. F7 키를 누르거나 Build Solution을 클릭해 컴파일을 시작한다. 컴파일이 끝난 후에 INSTALL 프로젝트를 열고 빌드할 것을 권장하는데, 모든 필요한 파일이 있는 설치 디렉터리를 생성하기 때문이다.

마지막으로 새롭게 생성된 바이너리의 위치를 Path 환경변수에서 수정해야
한다. Path 환경변수의 이전 위치를 제거하고, 바이너리의 새로운 버전만 있어
야 한다는 점이 중요하다.

 Qt 크리에이터는 이제 두 컴파일러와 두 Qt 버전을 찾는다. 하나는 Visual C++이고 다른
하나는 MinGW다. 새로운 프로젝트를 생성할 때 개발된 애플리케이션에 따라 정확한 킷을
선택해야 한다. 킷을 관리할 수 있으므로 기존 프로젝트의 구성을 변경하는 것도 가능하다.

CUDA를 지원하는 OpenCV 설정을 위한 빠른 예제

설치 과정은 다음과 같은 단계로 요약될 수 있다.

1. 마이크로소프트 비주얼 스튜디오 익스프레스 2012를 설치한다.

2. 엔비디아 CUDA 툴킷을 다운로드한 후 설치한다(https://developer.nvidia.
   com/cuda-downloads에서 다운로드할 수 있음).

3. 비주얼 C++ 컴파일러용 바이너리를 Qt 설치에 추가하고, Path 환경변수에
   새로운 위치를 갱신한다(예: C:\Qt\5.2.1\msvc2012\bin).

4. CMake로 OpenCV 빌드를 구성한다. `WITH_CUDA`, `CUDA_ARCH_BIN_WITH_`
   `QT`, `BUILD_EXAMPLES` 옵션을 설정한다.

5. 비주얼 스튜디오 프로젝트인 ALL_BUILD를 연 후 빌드한다. INSTALL 프로
   젝트와 동일한 작업을 수행한다.

6. Path 환경변수의 OpenCV 바이너리 디렉터리를 변경한다(예: C:\opencv-
   buildCudaQt\install\x86\vc11\bin).

첫 GPU 기반 프로그램

이 절에서 동일한 프로그램의 두 버전을 보여준다. 한 버전은 계산을 수행하기 위해 CPU를 사용하고, 다른 버전은 GPU를 사용한다. 두 예제는 각각 edgesCPU와 edgesGPU로 불리며, OpenCV에서 GPU 모듈을 사용했을 때의 차이점이 무엇인지 알려준다.

먼저 edgesCPU 예제를 제시한다.

```cpp
#include <iostream>
#include "opencv2/core/core.hpp"
#include "opencv2/highgui/highgui.hpp"
#include "opencv2/imgproc/imgproc.hpp"

using namespace cv;

int main(int argc, char** argv){
    if ( argc < 2 ){
        std::cout << "Usage: ./edgesGPU <image>" << std::endl;
        return -1;
    }

    Mat orig = imread(argv[1]);
    Mat gray, dst;

    bilateralFilter(orig,dst,-1,50,7);
    cvtColor(dst,gray,COLOR_BGR2GRAY);
    Canny(gray,gray,7,20);

    imshow("Canny Filter", gray);
    waitKey(0);

    return 0;
}
```

이제 다음과 같이 edgesGPU를 나타낸다.

```cpp
#include <opencv2/core/core.hpp>
#include <opencv2/highgui/highgui.hpp>
#include <opencv2/gpu/gpu.hpp>

using namespace cv;

int main( int argc, char** argv){
    if ( argc < 2 ){
        std::cout << "Usage: ./edgesGPU <image>" << std::endl;
        return -1;
    }

    Mat orig = imread(argv[1]);
    gpu::GpuMat g_orig, g_gray, g_dst;

    // 영상 데이터를 GPU에 전달
    g_orig.upload(orig);

    gpu::bilateralFilter(g_orig,g_dst,-1,50,7);
    gpu::cvtColor(g_dst,g_gray,COLOR_BGR2GRAY);
    gpu::Canny(g_gray,g_gray,7,20);

    Mat dst;

    // 영상을 다시 CPU 메모리에 복사
    g_gray.download(dst);

    imshow("Canny Filter", dst);
    waitKey(0);
    return 0;
}
```

코드를 다음과 같이 설명한다. 궁극적으로 동일한 결과를 얻었음에도 불구하고, 다음 그림에서 볼 수 있듯이 이전 예제와는 여러 가지가 다르다. 알고리즘의 새로운 타입과 다른 구현부가 추가된 새로운 헤더 파일을 사용한다.

`#include <opencv/gpu/gpu.hpp>`는 GPU 메모리에 영상을 저장하는 기본 컨테이너인 `GpuMat` 데이터 타입을 포함한다. 또한 두 번째 예제에 사용된 필터 알고리즘의 특정 GPU 버전을 포함한다.

중요한 고려사항은 CPU와 GPU 간의 영상 전달이 필요하다는 점이다. 이것은 `g_orig.upload(orig)`와 `g_gray.download(dst)` 메소드를 이용해 처리된다. 일단 영상을 GPU에 올렸다면, GPU상에 실행되는 서로 다른 옵션을 적용할 수 있다. 실행해야 하는 알고리즘의 버전을 구분하기 위해 `gpu::bilateralFilter`, `gpu::cvtColor`, `gpu::Canny`가 있는 `gpu` 네임스페이스를 사용한다. 필터를 적용한 후, 영상을 다시 GPU 메모리에 복사하고 나서 표시한다.

성능 측면에서 보면, CPU 버전은 297밀리초에 실행한 반면에 GPU 버전은 단지 18밀리초만에 실행한다. 달리 말하면 GPU 버전이 16.5배 더 빠르다.

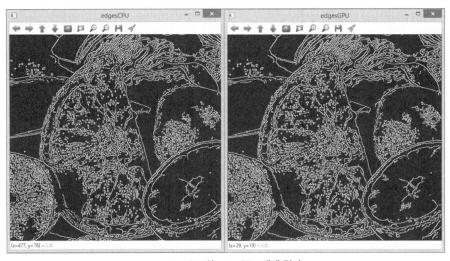

▲ edgesCPU와 edgsGPU 예제 결과

실시간으로 가자

영상에 연산을 수행하기 위해 GPU를 이용하는 주된 이유 가운데 하나는 GPU 가 훨씬 더 빠르다는 점이다. 속도를 빠르게 하므로 스테레오 비전, 보행자 검 출이나 밀집 옵티컬 플로우dense optical flow 같은 실시간 애플리케이션에서 무거 운 연산 알고리즘의 실행이 가능해진다. 비디오 시퀀스에서 템플릿을 정합하 는 애플리케이션을 다음 matchTemplateGPU 예제에서 볼 수 있다.

```cpp
#include <iostream>
#include "opencv2/core/core.hpp"
#include "opencv2/highgui/highgui.hpp"
#include "opencv2/features2d/features2d.hpp"
#include "opencv2/gpu/gpu.hpp"
#include "opencv2/nonfree/gpu.hpp"

using namespace std;
using namespace cv;

int main( int argc, char** argv )
{
    Mat img_template_cpu = imread( argv[1],IMREAD_GRAYSCALE);
    gpu::GpuMat img_template;
    img_template.upload(img_template_cpu);

    // 특징점을 검출하고, 템플릿의 기술자 계산
    gpu::SURF_GPU surf;
    gpu::GpuMat keypoints_template, descriptors_template;

    surf(img_template,gpu::GpuMat(),keypoints_template,
        descriptors_template);

    // 정합기 변수
    gpu::BFMatcher_GPU matcher(NORM_L2);

    // 웹캠으로부터 비디오 캡처 얻기
    gpu::GpuMat img_frame;
    gpu::GpuMat img_frame_gray;
```

```cpp
Mat img_frame_aux;

VideoCapture cap;
cap.open(0);
if (!cap.isOpened()){
    cerr << "cannot open camera" << endl;
    return -1;
}

int nFrames = 0;
uint64 totalTime = 0;

// 메인 반복문
for(;;){
    int64 start = getTickCount();

    cap >> img_frame_aux;
    if (img_frame_aux.empty())
        break;

    img_frame.upload(img_frame_aux);

    cvtColor(img_frame,img_frame_gray, CV_BGR2GRAY);

    // 1단계: 특징점 검출과 기술자 계산
    gpu::GpuMat keypoints_frame, descriptors_frame;
    surf(img_frame_gray, gpu::GpuMat(), keypoints_frame,
        descriptors_frame);

    // 2단계: 기술자 정합
    vector<vector<DMatch>>matches;
    matcher.knnMatch(descriptors_template,
        descriptors_frame,matches, 2);

    // 3단계: 결과 필터링
    vector<DMatch> good_matches;
    float ratioT = 0.7;
    for(int i = 0; i < (int) matches.size(); i++)
    {
```

```cpp
        if((matches[i][0].distance
                < ratioT*(matches[i][1].distance))
            && ((int)matches[i].size() <= 2
            && (int)matches[i].size()>0))
        {
            good_matches.push_back(matches[i][0]);
        }
    }

    // 4단계: 결과 다운로드
    vector<KeyPoint> keypoints1, keypoints2;
    vector<float> descriptors1, descriptors2;
    surf.downloadKeypoints(keypoints_template, keypoints1);
    surf.downloadKeypoints(keypoints_frame, keypoints2);
    surf.downloadDescriptors(descriptors_template, descriptors1);
    surf.downloadDescriptors(descriptors_frame, descriptors2);

    // 결과 그리기
    Mat img_result_matches;
    drawMatches(img_template_cpu, keypoints1, img_frame_aux,
        keypoints2, good_matches, img_result_matches);
    imshow("Matching a template", img_result_matches);

    int64 time_elapsed = getTickCount() - start;
    double fps = getTickFrequency() / time_elapsed;
    totalTime += time_elapsed;
    nFrames++;
    cout << "FPS : " << fps <<endl;

    int key = waitKey(30);
    if (key == 27)
        break;;
    }

    double meanFps = getTickFrequency() / (totalTime / nFrames);
    cout << "Mean FPS: " << meanFps << endl;

    return 0;
}
```

다음과 같이 코드를 설명한다. 5장 '2D 특징'에서 설명했듯이, 두 영상 간의 대응을 찾을 때 특징feature을 사용할 수 있다. 모든 프레임 내부에서 나중에 탐색되는 템플릿 영상은 먼저 관심점을 검출하고 기술자를 추출하기 위해 SURF의 GPU 버전을 사용해 처리된다. 이것은 `surf(img_template,gpu::GpuMat())`, `keypoints_template, descriptors_template);`을 실행해 달성할 수 있다. 비디오 시퀀스로부터 가져온 모든 프레임에 동일한 과정을 수행한다. 또한 두 영상의 기술자를 정합하기 위해 `gpu::BFMatcher_GPU matcher(NORM_L2);`로 브루트 포스 정합기의 GPU 버전을 생성한다. 관심점과 기술자를 GPU 메모리에 저장한다는 사실 때문에 추가 단계가 필요하며, 관심점과 기술자를 볼 수 있기 전에 다운로드해야 한다. 이것은 `surf.downloadKeypoints(keypoints,` `keypoints);`와 `surf.downloadDescriptors(descriptors, descriptors);`를 실행한 이유다. 다음 그림은 예제를 실행한 것이다.

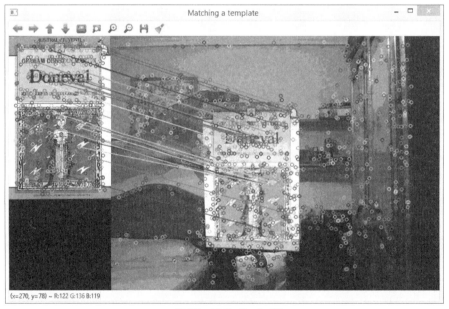

▲ 웹캠을 이용한 템플릿 정합

성능

GPU 프로그래밍을 선택하는 주요 동기는 성능이다. 그런 이유로, 이번 예제는 CPU 버전에 대한 속도 향상을 비교하고자 시간 측정을 포함한다. 특히 프로그램의 메인 반복문 시작에서 `getTickCount()` 메소드로 시간을 저장한 후 이 반복문의 끝에서 동일한 메소드를 사용하며, 마찬가지로 현재 프레임의 FPS 계산을 돕는 `getTickFrequency()` 메소드를 사용한다. 각 프레임에서 경과된 시간을 누적한 후 프로그램의 마지막에서 평균을 계산한다. 앞 예제는 15프레임의 평균 대기 시간을 갖는 반면에, CPU 데이터와 알고리즘을 이용해 동일한 예제를 처리하면 FPS가 겨우 0.5에 불과하다. 두 예제는 동일한 하드웨어(I5-4570 프로세서, 엔비디아 GeForce GTX 750 그래픽 카드가 달린 컴퓨터)를 이용해 테스트했다. 분명히 30배의 속도 증가는 중요한 의미가 있으며, 특히 코드 몇 줄만 변경하면 된다는 점에서 더욱 그렇다.

요약

8장에서는 OpenCV의 두 고급 모듈인 기계 학습과 GPU를 다뤘다. 기계 학습은 컴퓨터가 결정을 내릴 수 있도록 배우는 능력을 갖추게 한다. 이를 위해 분류기는 학습되고 검증된다. 8장은 각각 KNN 분류기, .cvs 데이터베이스를 이용한 랜덤 포레스트, 영상 데이터베이스를 이용한 SVM에 대한 3개의 분류 예제를 제공한다. CUDA를 지원하는 OpenCV 사용법도 다룬다. GPU는 집약 작업에서 역할이 커지고 있는데, GPU에서 처리하지 않더라도 컴퓨터 비전 알고리즘에서 접하는 병렬화 작업을 실행할 수 있기 때문이다. 8장에서는 GPU 모듈 설치, 기본 첫 프로그램, 실시간 템플릿 정합에 대한 여러 가지 GPU 예제를 제공했다.

참고사항

GPU 모듈은 이제 대부분의 OpenCV 기능을 포괄한다. 따라서 OpenCV 라이브러리를 살펴보고 활용할 수 있는 알고리즘을 확인할 것을 권장한다. 덧붙여 [opencv_build]/install/x86/vc11/samples/gpu에서, GPU 버전을 이용했을 때 수많은 OpenCV 알고리즘의 속도 향상이 이뤄짐을 보여주는 performance_gpu 프로그램을 찾을 수 있다.

찾아보기

에이콘출판의 기틀을 마련하신 故 정완재 선생님 (1935-2004)

acorn+**PACKT** Technical Book 시리즈

OpenCV 프로그래밍

컴퓨터 비전 애플리케이션 구축을 위한

인　쇄 ｜ 2015년 4월 23일
발　행 ｜ 2015년 4월 30일

지은이 ｜ 오스카 데니즈 수아레즈, 마 델 밀라그로 페르난데즈 카로블즈, 노엘리아 발레즈 에나노, 글로리아 부에노 가르시아,
　　　　 이스마엘 세라노 그라시아, 홀리오 알베르토 파톤 인세르티스, 헤수스 살리도 테르세로
옮긴이 ｜ 이 문 호

펴낸이 ｜ 권 성 준
엮은이 ｜ 김 희 정
　　　　　전 도 영
　　　　　전 진 태
표지 디자인 ｜ 한국어판_이승미
본문 디자인 ｜ 남 은 순

인　쇄 ｜ 한일미디어
용　지 ｜ 다올페이퍼

에이콘출판주식회사
경기도 의왕시 계원대학로 38 (내손동 757-3) (437-836)
전화 02-2653-7600, 팩스 02-2653-0433
www.acornpub.co.kr / editor@acornpub.co.kr

한국어판 ⓒ 에이콘출판주식회사, 2015, Printed in Korea.
ISBN 978-89-6077-695-1
ISBN 978-89-6077-210-6 (세트)
http://www.acornpub.co.kr/book/opencv-essentials

이 도서의 국립중앙도서관 출판시도서목록(CIP)은 서지정보유통지원시스템 홈페이지(http://seoji.nl.go.kr)와
국가자료공동목록시스템(http://www.nl.go.kr/kolisnet)에서 이용하실 수 있습니다.(CIP제어번호: CIP2015011758)

책값은 뒤표지에 있습니다.